高校野球 夏の兵庫大会100回
白球回想

記憶に残る甲子園球児 兵庫県版

【投 手】

鈴木啓示(育英)1965年春

1947年生まれ。近鉄でプロ歴代4位の317勝を挙げ、殿堂入りした左腕。近鉄監督も務めた。育英時代、甲子園出場は3年春の1度のみ。2年夏は兵庫大会決勝で滝川に0—1、3年夏も決勝で報徳に0—1で惜敗。

山口高志(市神港)1968年春、夏

1950年生まれ。身長169㎝と小柄ながらプロ史上最速とも称される伝説の剛腕。3年時に古豪市神港を春夏連続で聖地に導き、関大、松下電器、阪急で活躍。阪神コーチなどを経て現在は関大で学生を指導。写真は『兵庫県高校野球五十年史』より。

松本正志（東洋大姫路）1976年春、1977年夏

1959年生まれ。東洋大姫路を日本一に導いた左腕。1977年夏の甲子園決勝で「バンビ」こと東邦（愛知）の坂本佳一と投げ合った。ドラフト1位で阪急に入団し、引退後はオリックスで用具担当を長く務める。

豊田次郎（東洋大姫路）1985年春、1985年夏

1967年生まれ。下手投げエース。1984年秋の近畿大会で桑田真澄、清原和博を擁したPL学園（大阪）を完封。夏の甲子園は佐々木主浩の東北（宮城）に敗れた。川崎製鉄神戸を経てオリックス入りし、1999年引退。

金村義明（報徳）1981年春、夏

1963年生まれ。報徳の4番・エースとして1981年夏に全国制覇。兵庫大会から甲子園決勝まで全試合に登板。甲子園では早実の荒木大輔、名古屋電気の工藤公康に投げ勝った。近鉄で内野手に転向。現在は野球解説者。

戎 信行（育英）1990年夏

1972年生まれ。育英を33年ぶりの兵庫大会制覇に牽引した本格派右腕。甲子園では初戦の秋田経法大付に延長で敗れた。オリックスではプロ10年目の2000年に最優秀防御率に輝いた。ヤクルト、近鉄を経て2004年引退。

安達智次郎（村野工）1991年夏、1992年春

1974年生まれ。鮮烈な速球を武器に村野工を初の夏の甲子園に導いた左腕。ドラフト1位で阪神入りしたが、1軍出場はなく1999年限りで現役を退いた。2016年、内臓疾患のため41歳の若さで亡くなった。

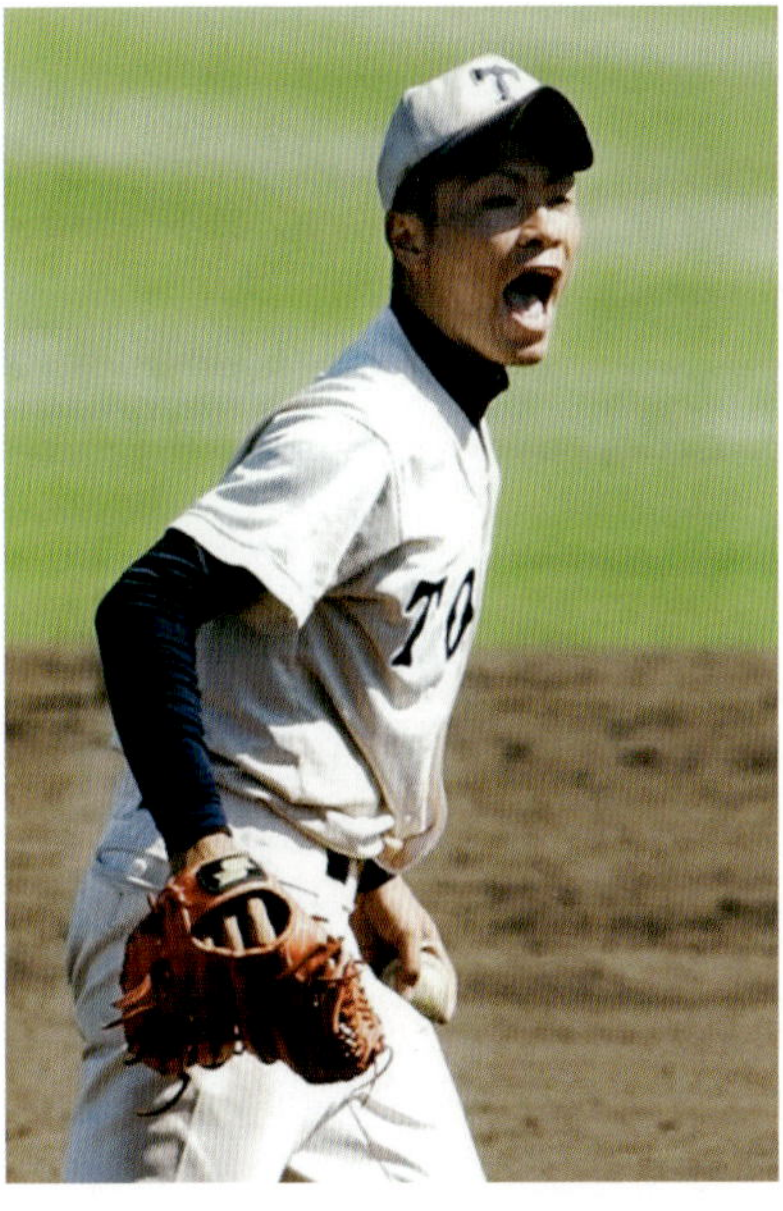

グエン・トラン・フォク・アン
（東洋大姫路）2001年夏、2003年春

1985年生まれ。両親がベトナム籍の異色の左腕。1年夏から東洋大姫路を甲子園16強に導く。3年春は花咲徳栄（埼玉）との延長十五回引き分け再試合を制して4強。卒業後は東芝でプレーした。

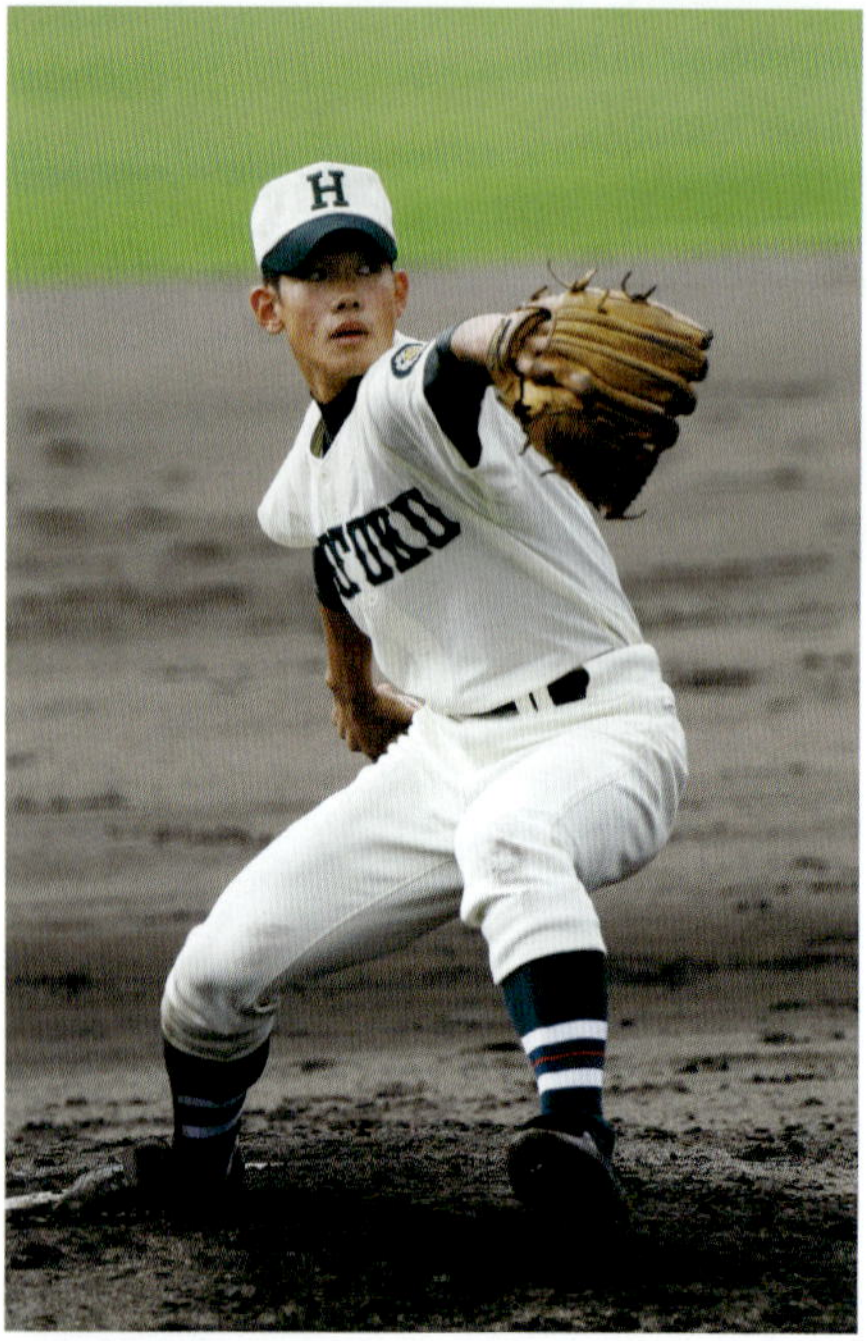

田村伊知郎（報徳）2010年夏、2011年春

1994年生まれ。1年夏に甲子園4強入りに貢献し「スーパー1年生」と脚光を浴びた右腕。初戦で敗れた2年春の選抜後はけがに泣いたが、立大で最速150㎞と復活を遂げ、ドラフト6位で2017年に西武入り。

近田怜王（報徳）2007年春、夏、2008年夏

1990年生まれ。報徳で1年秋からエースを担った最速147㎞の左腕。3年夏に甲子園8強入り。ドラフト3位で入団したソフトバンクでは1軍出場はなく、JR西日本でプレー後、現在は同社で勤務。

【野 手】

淡口憲治（三田学園）1969年春、1970年春

1952年生まれ。山本功児（元ロッテ監督）、羽田耕一（元近鉄）らと三田学園の黄金期を築いたスラッガー。甲子園は2年連続8強。巨人、近鉄で活躍し、打球の速さから「コンコルド打法」と呼ばれた。

弓岡敬二郎（東洋大姫路）1974年夏、1976年春

1958年生まれ。東洋大姫路で入学時から1番を担った俊足の遊撃手。1年夏に甲子園で1試合4盗塁。3年春は選抜で4強入りした。新日鉄広畑を経て阪急入り。現在はオリックスの2軍ヘッドコーチ。

安井浩二（東洋大姫路）1976年春、1977年夏

1959年生まれ。東洋大姫路の主将で4番・捕手。3年夏の甲子園決勝の東邦（愛知）戦で延長十回、史上初のサヨナラ本塁打を放ち、初優勝を飾った。明大を経てスポーツ用品メーカーのエスエスケイ勤務。

池山隆寛（市尼崎）1983年夏

1965年生まれ。市尼崎では3番・三塁で甲子園初出場に貢献。ドラフト2位でヤクルトに入団し、プロ19年で通算304本塁打。豪快なスイングで「ブンブン丸」の愛称で親しまれた。現在は楽天2軍監督。

大村直之（育英）1992年春、1993年夏

1976年生まれ。育英で3年夏に初の全国制覇を果たした俊足好打の外野手。ドラフト3位で近鉄入りし、屈指のヒットメーカーとして鳴らした。近鉄、ソフトバンク、オリックスで通算1865安打を記録。

藤本敦士(育英)1995年春

1977年生まれ。1番・遊撃の主将。阪神・淡路大震災直後の選抜大会に出場し、2回戦の前橋工(群馬)戦でサヨナラ悪送球。亜大(中退)、甲賀総合科学専門学校、デュプロを経て阪神入り。現在は阪神コーチ。

栗山 巧(育英)2000年春、夏

1983年生まれ。広角打法が持ち味の左の外野手。2年時に春夏連続で甲子園出場。夏は準決勝まで勝ち上がった。ドラフト4位で入団した2002年から西武一筋。2016年には通算1500安打を達成した。

坂口智隆(神戸国際大付)2001年春

1984年生まれ。神戸国際大付の投打の柱として甲子園初出場の原動力に。3年夏は決勝で大谷智久(現ロッテ)擁する報徳に敗退。ドラフト1位で入団した近鉄で外野手に転向。オリックスを経て2016年からヤクルト。

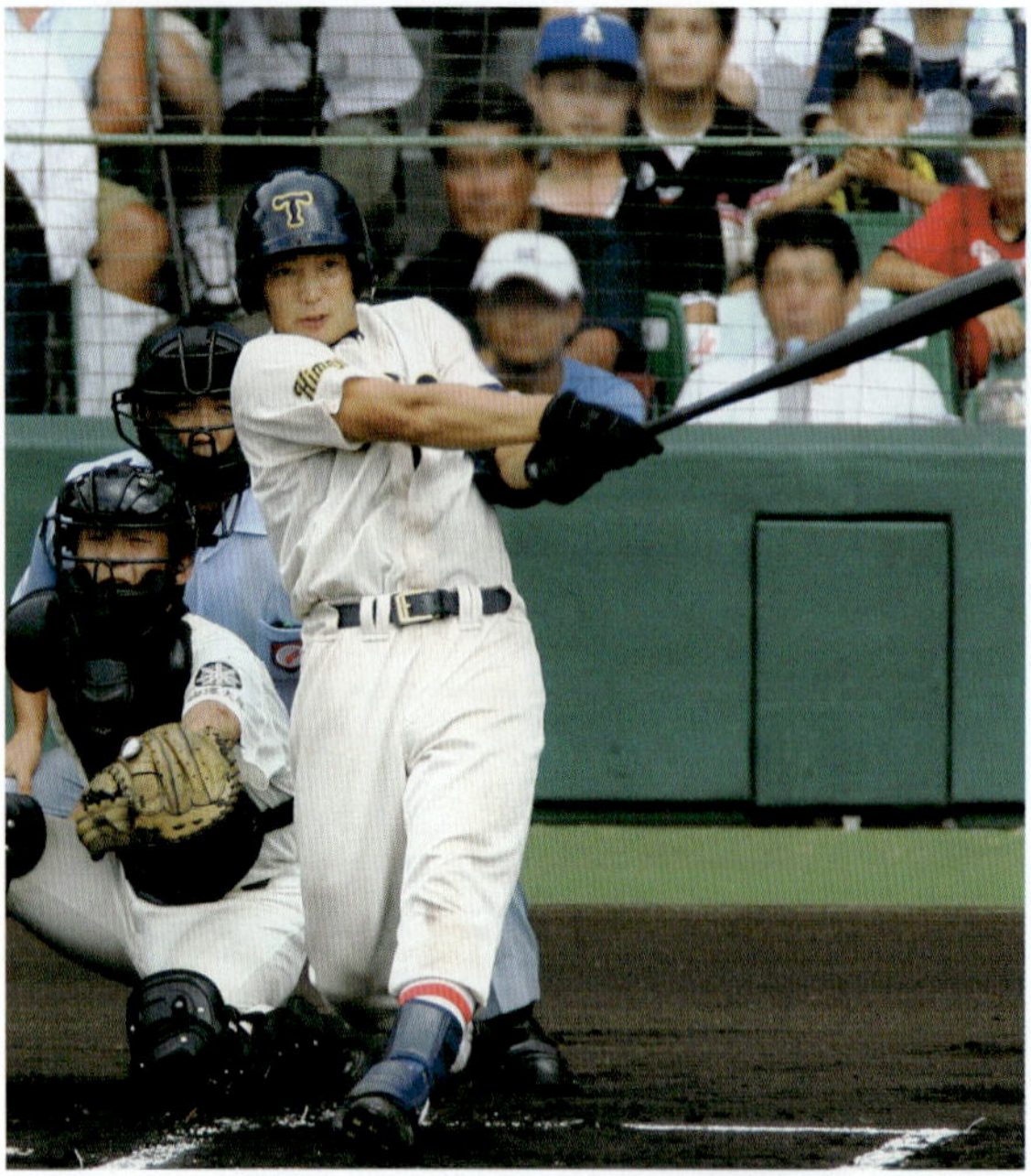

林崎 遼（東洋大姫路）2006年夏

1988年生まれ。東洋大姫路の主砲として甲子園8強に貢献した強打の内野手。準々決勝では駒大苫小牧（南北海道）の田中将大（現ヤンキース）から本塁打を含む3安打。東洋大を経て西武に入団し、2015年に引退。

藤井宏政（加古川北）2008年夏

1990年生まれ。加古川北で西兵庫大会を制し、甲子園初出場に貢献した右の内野手。甲子園でも聖光学院（福島）戦で2安打。育成枠で阪神に入団したが、1軍出場はなし。2014年から社会人野球カナフレックスでプレー。

掲載選手は、神戸新聞社がインターネットを通じ募集した「春夏の甲子園に出場した兵庫県内高校の名選手」を基にした。

高校野球
夏の兵庫大会
100回
白球回想

高校野球　夏の兵庫大会100回　白球回想　もくじ

白球回想―夏の兵庫大会史

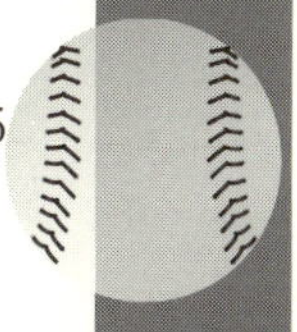

激闘の譜

白球回想―夏の兵庫大会史

1915（大正4）年、全国中等学校優勝野球大会として始まった全国高等学校野球選手権大会は2018年夏、第100回の節目を迎えた。出場10校だった第1回大会から兵庫は全国で唯一、県単独で地方大会を開催。2018年までの全大会に代表校を送り出し、100回連続出場を果たす都道府県は、兵庫と東京しかない。

全国大会とともに誕生し、単独の地方大会では最古の歴史を誇る夏の兵庫大会。大正期から連綿と続く大会は、兵庫代表の座を懸け、数々の激闘が繰り広げられてきた。名門、強豪を生み、後にプロで活躍する名選手が巣立った。

第1回大会からの軌跡をたどる。

人名、記録は兵庫県高等学校野球連盟発行の兵庫県高校野球史、県内各校の野球部史、および当時の神戸新聞紙面などに基づきます。敬称は原則、省略しました。

本章は2018年4月10日～6月26日の神戸新聞連載を加筆・編集し、まとめたものです。登場する人物の所属や年齢等は連載時のままです。

第1回大会（1915年／大正4年）

神戸二中、逆転で初代王者

「二中熱狂す」――。1915（大正4）年8月。記念すべき第1回兵庫県野球大会は7校が参加し、神戸・灘にあった関学中の校庭（原田の森）で行われた。神戸二中（現兵庫）と関学中（現関学）の決勝は神戸二中が0―2の九回裏に3点を奪い、劇的なサヨナラ勝ちを収めた。

『兵庫県高校野球五十年史』では、当時、神戸二中の二塁手だった岸本胤夫が「あのころの関学中の強さは群を抜いており、正直にいって勝てるとは思っていなかった」と回想している。優勝候補だった神戸一中（現神戸）と関学中が準決勝でぶつかったことも神戸二中には幸いした。

第1回全国中等学校優勝野球大会に兵庫代表として出場した神戸二中は、大阪の豊中球場で早稲田実

第1回大会勝ち上がり

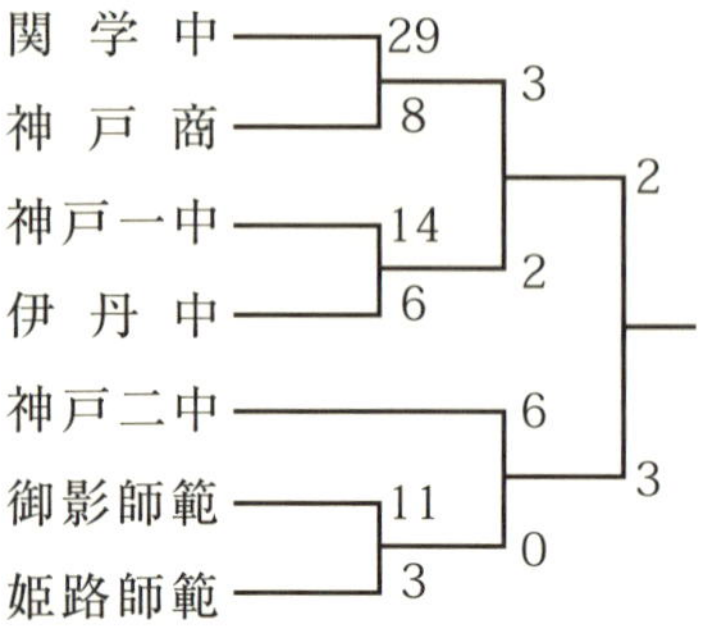

（注）関学中は現関学、神戸商は現県神戸商、神戸一中は現神戸、伊丹中は現県伊丹、神戸二中は現兵庫

第1回大会決勝の神戸二中―関学中戦
（兵庫県高校野球五十年史より）

と初戦の2回戦で対戦し、0―2で敗れた。

神戸二中および兵庫は第1回から2017年の第99回までの兵庫大会に欠かさず参加しているが、優勝は第1回のみ。同じく皆勤出場の伝統校では、その後に全国制覇を果たした神戸一中と関学中の陰に隠れがちだが、第一歩を記した足跡は1世紀を過ぎた今も色あせない。

創設100年の節目を迎えた2015年の第97回全国高校野球選手権の開会式では、第1回大会出場10校の現役部員が復刻ユニホームを着用して行進。同年12月には甲子園球場で第1回の代表校によるOB戦も行われ、遠い遠い先輩の勇姿に思いをはせた。

「甲子園に対する思い入れがまた強くなった」と語るのは、野球部OB会「武陽野球倶楽部」の武蔵健児会長（69）だ。春も4度の全国大会出場を経験しているが、武蔵会長らが出場した1966（昭和41）年を最後に半世紀以上、遠ざかっている。「いつの日か、甲子園に再び校歌が流れる日が来てほしい」

（山本哲志）

神戸二中時代の復刻ユニホームを身につけ、OB戦の開会式で入場行進する兵庫のOB＝2015年12月、甲子園球場

第2〜9回（1916〜23年／大正5年〜12年）

神戸一中、甲陽中が全国制覇

第2〜4回　関学中が三連覇

土壇場の逆転劇で第1回覇者の誉れを神戸二中（現兵庫）に奪われた関学中（現関学）だが、第2回大会（1916年）に準決勝で神戸二中に雪辱し、決勝では神戸商（現県神戸商）に16—2で大勝、初の栄冠に輝いた。全国大会は初戦で香川商に1—2で惜敗した。

黄金期を迎えた関学中。第3回大会（17年）決勝で御影師範学校を14—4で、第4回大会（18年）は再び神戸商に3—2で競り勝ち、3連覇を果たした。ところが鳴尾球場に会場を移した全国大会では、悲運が待ち受けていた。第3回は広島商や京都一中などを連破して決勝まで勝ち進んだものの、当時あった敗者復活制で勝ち上がった愛知一中に惜敗。それも1—0の六回に降雨ノーゲームとなり、翌日は延長十四回の末に0—1で敗れた。さらに第4回大会は米騒動で全国大会自体が中止という憂き目に遭った。

第5回　神戸一中、初の全国制覇

第5回大会（1919年）を制したのは神戸一中（現神戸）。1896（明治29）年創部の屈指の伝統校は決勝で神戸商を退けて初優勝。全国大会でも1回戦で和歌山中を破ると勢いに乗り、決勝で長野師範を破って地元兵庫県に初の優勝旗をもたらした。『神戸一中・神戸高校野球部九十

第5回大会準決勝、神戸一中—神戸二中戦
（神戸一中・神戸高校野球部九十年史より）

年史』には、優勝したにもかかわらず、来田健朗主将が「われわれは見せ物ではない」と閉会式での場内一周を拒否した逸話が残る。

第6回　関学中、2年ぶり

第6回大会（20年）は関学中が2年ぶりの優勝。右アンダースローの沢昇は病を押しての4連投ながら、決勝でも8―2と神港商を圧倒した。沢は全国大会も炎天下のマウンドに上がり、決勝で東京の慶応普通部に17―0で大勝して念願の日本一を達成した。歴史に名を刻んだ沢だが、22年1月、台湾で早世した。

第7回　神戸一中が奪回

洲本中（現洲本）や青年会商（廃校）などの初参加も加えた第7回大会（21年）で14校の頂点に立ったのは神戸一中。決勝で甲陽中（現甲陽）に2―1で競り勝って覇権を奪回したが、全国では和歌山中に0―20の大敗を喫した。和歌山中は決勝を含む全4試合で75得点という無類の猛打で初優勝を飾っている。

第8回　小さな大投手・神戸商の浜崎

「小さな大投手」が躍動したのが第8回大会（22年）だ。神戸商の浜崎真二は身長150センチ台ながらエースとして君臨。決勝は1―0で神港商（後の第一神港商）との投手戦を制すると、全国でも準優勝した。浜崎は後に慶応大やプロ野球阪急（現オリックス）でプレーし、野球殿堂入りも果たしている。

第9回　甲陽中が全国優勝

第9回大会（23年）は「逆転の甲陽中」が日本一に輝いた。姫路中（現姫路西）との県大会決勝で、0―3から四回の4得点でひっくり返して初の頂点に立つと、全国大会も5試合中4試合が逆転劇。準決勝では観衆が場内になだれ込んで試合が一時中断。この混乱が高校野球の聖地「甲子園球場」が生まれるきっかけともなった。

（山本哲志）

第一神港商、未到の4連覇

100回目を迎える2018年夏も、この偉業が破られることはない。1924（大正13）年の第10回大会から27年の第13回大会まで続いた第一神港商の兵庫大会4連覇だ。

「そりゃあ強かったでしょうなあ」。後身の市神港で野球部長を長く務めた田上信夫さん（88）は、戦前の輝かしい歴史に思いをはせる。

後にプロ野球で審判に転じて野球殿堂入りした二出川延明が礎を築くと、間もなく頭角を現した。第10回大会は、前年全国制覇を成し遂げた甲陽中（現甲陽）を決勝で12―0と一蹴。全5試合で74得点という驚異の攻撃力で初優勝を果たした。24年8月に誕生したばかりの甲子園球場に舞台を移した全国大会でも活躍。初戦の早実戦で山下実が特大の本塁打

第13回大会を制し、前人未到の4連覇を果たした第一神港商ナイン
（兵庫県高校野球五十年史より）

を放って「怪物」の異名をとった。

強打者・山下実が君臨。兵庫大会は第11回大会（1925年）も決勝で神戸二中（現兵庫）に10―1で完勝。第12回大会（26年）は関学中（現関学）との決勝を2―1で制し、年号が大正から昭和に入って初の大会となった第13回大会（27年）は再び甲陽中に8―3で快勝した。ただ、全国大会では毎年のように優勝候補に挙げられながらも、第11回大会のベスト4が最高成績だった。

強打者の山下実は卒業後も慶大やプロ野球で活躍。一つ下の後輩で、セ・リーグ初代審判部長も務めた島秀之助とともに野球殿堂入りしている。野球部の部長時代、山下と何度か会ったことがあるという田上さんは「立派すぎて顔もまともに見られなかった」と回想する。

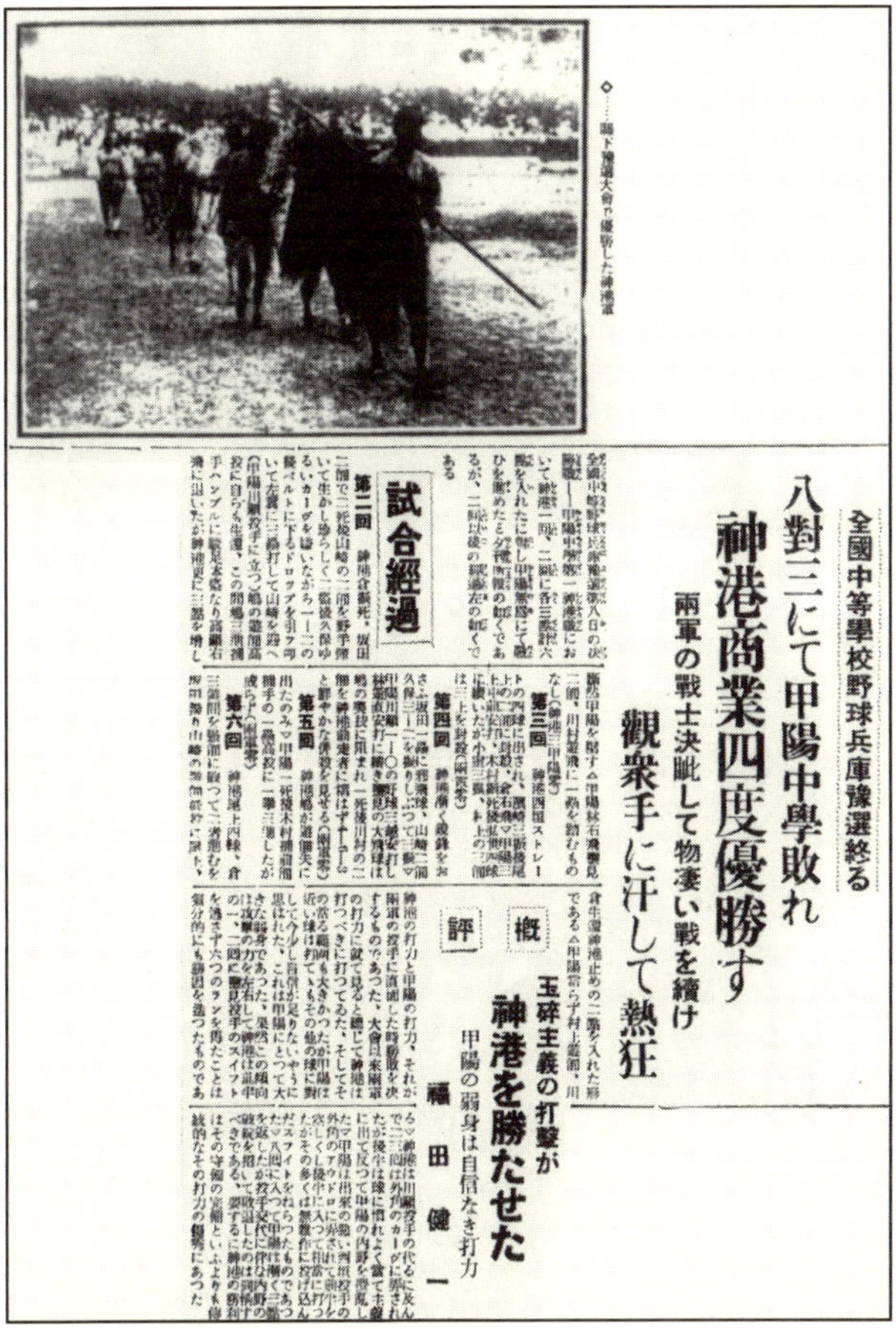
全國中等學校野球兵庫豫選終る

八對三にて甲陽中學敗れ

神港商業四度優勝す

兩軍の戰士決眦して物凄い戰を續け

觀衆手に汗して熱狂

試合經過

概評

玉碎主義の打撃が

神港を勝たせた

甲陽の弱身は自信なき打力

福田健一

第一神港商の4年連続優勝を伝える
1927年8月10日付の神戸新聞紙面

第一神港商は夏の4連覇中、春も第2、3回の選抜大会に出場。山下は第2回大会で大会2本塁打を放って個人賞に輝くなど、抜群の長打力で完成間もない甲子園球場を沸かせた。

（山本哲志）

第14回大会（1928年／昭和3年）

甲陽中、延長制し聖地へ

1928（昭和3）年の第14回大会は、甲陽中（現甲陽）が全国大会初出場初優勝を果たした第9回以来となる2度目の優勝。神戸二中（現兵庫）との決勝は延長十回に勝ち越し、4―3で競り勝った。

当時、甲陽中の校舎は甲子園球場のそばにあり、現在の「ホテルヒューイット甲子園」が学校跡地にあたる。78年に西宮市の苦楽園地区に移転するまで、最も聖地に近いチームだった。

28年の全国大会は満州代表の大連商、朝鮮代表の京城中を破ったが、準々決勝で京都・平安中に惜敗した。同窓会報「甲陽だより」などによると、監督を務めたのは、23年に全国優勝を遂げたチームの1番打者だった山野井万。41年まで母校を指揮し、甲子園には春7回、夏3回の計10回の出場を果たした名監督だった。

（山本哲志）

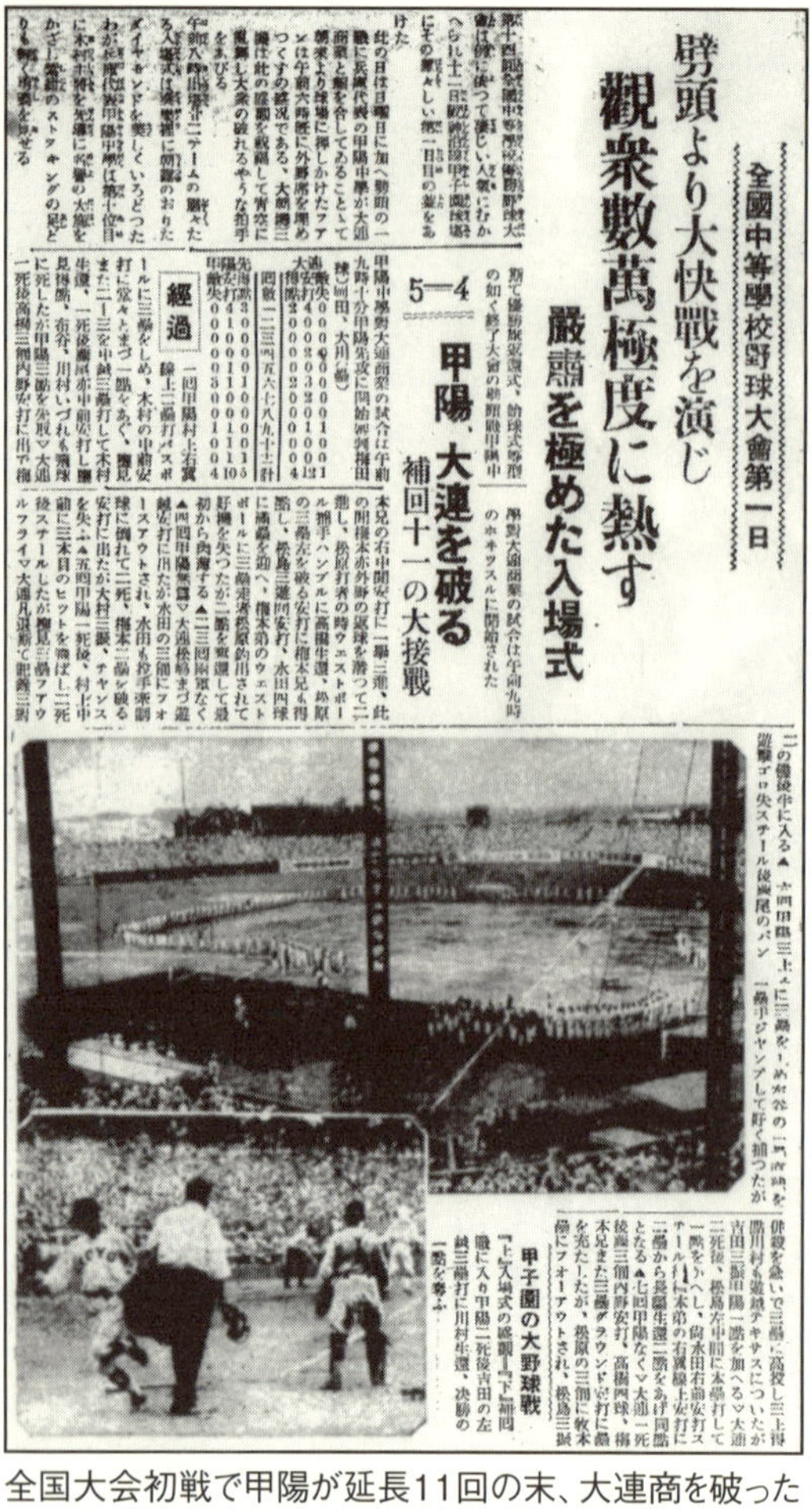
全國中等學校野球大會第一日

劈頭より大快戰を演じ 觀衆數萬極度に熱す

嚴肅を極めた入場式

5―4 甲陽、大連を破る 補回十一の大接戰

甲子園の大野球戰

全国大会初戦で甲陽が延長11回の末、大連商を破った試合を伝える1928年8月13日付の神戸新聞紙面

第15回大会（1929年／昭和4年）

甲子園のお膝元である地の利を生かして、本番の舞台で全国の強敵と実戦を重ねた関学中。昭和初期の中等学校野球で一時代を築いた。

（山本哲志）

関学中、昭和初期に隆盛

第15回大会（1929年）の頂点に立ったのは、前年の第5回選抜大会を制するなど、全国有数の強豪にのし上がっていた関学中（現関学）。選抜優勝後の28年夏は主力選手が米国遠征していたため、県大会2回戦で敗退したが、29年は決勝で神戸一中（現神戸）に7—4で勝利。日本一に輝いた第6回大会以来、9年ぶりに兵庫を制した。

選抜優勝メンバーの村井竹之助は『兵庫県高校野球五十年史』の中でこう語っている。「甲子園球場は毎日曜日に名古屋、四国、中国から優秀チームを呼んで（中略）私の4、5年生のときはここで数多くの試合を経験した」

第15回大会当時のスコアボード（兵庫県高校野球五十年史より）

第16回大会（1930年／昭和5年）

甲陽中、怪腕下し3度目

甲陽中（現甲陽）が2年ぶり3度目の優勝を飾った第16回大会（1930年）。怪腕と称された楠本保を擁する新進の明石中（現明石）の挑戦を3—0で退けた。エースの先発完投が多い時代には珍しく、全5試合を継投で勝ち上がった。

時は中等野球ブーム真っ盛り。全国大会の開幕を待ちかねたファンが前夜から甲子園球場の周囲で仮眠を取ったと当時の神戸新聞は記す。だが、甲陽中は開幕試合で強豪松山商に大敗を喫した。

甲陽は2017年が創部100年の節目。同年秋には、第9回全国大会決勝で戦った桐蔭（当時和歌山中）を招いた交流試合を甲子園球場で計画したが、雨で中止となった。元プロ野球近鉄の北川公一OB会長（76）は「甲子園を身近に感じるいい機会だったが残念。後輩たちの活躍をずっと願っている」と話す。

（山本哲志）

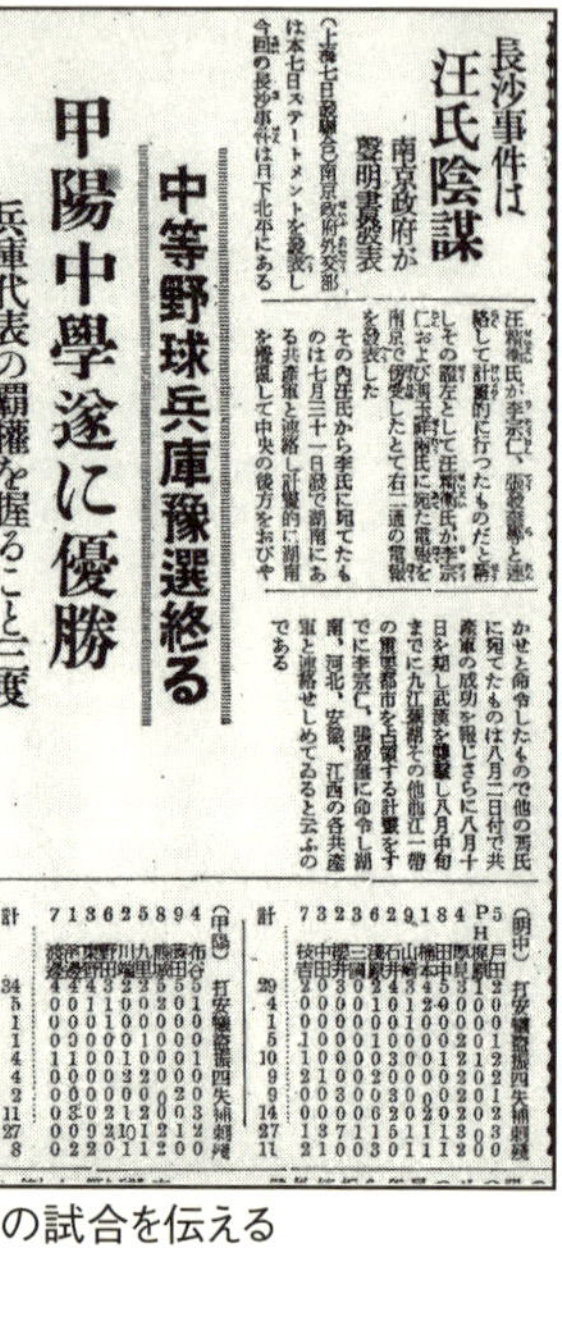

第16回大会決勝で明石中を破って優勝した甲陽中の試合を伝える1930年8月の神戸新聞紙面

第17回大会（1931年／昭和6年）

第一神港商、岸本擁しV

大阪桐蔭が史上3校目の2連覇を果たした2018年春の選抜大会。初めて連続優勝を達成したのは、1929、30（昭和4、5）年の第一神港商だ。戦前の春の甲子園に栄光を刻んだ同校だが、どちらもその夏の兵庫大会は1回戦で敗退している。

当時、センバツ優勝を遂げた主力選手は夏に米国遠征に出向くことが慣例だった。このため戦力が整わず、夏は振るわなかった。仮にベストメンバーなら堂々の優勝候補だっただろう。

30年の選抜大会優勝時のエース岸本正治が残った31年の第17回兵庫大会は、全5試合わずか3失点という圧巻の内容で4年ぶりの頂点に返り咲いた。全国大会は景浦将（元阪神）を擁した愛媛・松山商に初戦で敗れた。その後は、後身の市神港が出場した63年春の選抜大会まで、しばらく甲子園に届かない時代が続く。

（山本哲志）

第一神港商が第6回、第7回選抜大会を2連覇した際の優勝旗と盾

第18～20回大会（1932～34年／昭和7～9年）

新鋭の明石中、黄金期築く

「世紀の剛球投手」

第1回大会から神戸、阪神間のチームを中心に回っていた兵庫の中等学校野球。礎を築いた強豪に割って入ったのが、1927（昭和2）年初出場の新鋭、明石中（現明石）だ。30年から39年までの10年間で7度の決勝進出、うち優勝は2度。「明中時代」が到来した。

初優勝は32年の第18回大会。「世紀の剛球投手」と称された楠本保を擁し、決勝では甲陽中（現甲陽）を3―0で完封した。三振の山を築く楠本の投球を、当時の神戸新聞は「電光の如き速球」と評した。

楠本は全国大会でも1回戦で北海道・北海中を相手に15三振を奪って無安打無得点試合を達成。2回戦の広島・大正中戦は、後にミスタータイガースと呼ばれた元阪神の藤村富美男に1―0で投げ勝った。準決勝で愛媛・松山商に敗れたが、4試合で64奪三振の快投を演じた。

甲子園で死闘「延長25回」

翌33年春の選抜大会で準優勝した明石中は、第19回大会も剛腕・楠本に加え、1学年下に左腕中田武雄が控える盤石の投手力で2連覇。堂々の優勝候補として乗り込んだ甲子園で、今も語り継がれる伝説の「延長二十五回」を生む。

準決勝で大会2連覇中の愛知・中京商と激突した。明石中は体調を崩していた楠本を右翼に置いて中田が先発。中京商のエース吉田正男との息

第20回大会決勝、延長20回に及んだ明石中―神戸一中戦のスコアボード
（神戸一中・神戸高校野球部九十年史より）

詰まる投手戦は延長に入っても膠着《こうちゃく》した。均衡は破れず、急遽継ぎ足されたスコアボードに「0」が並んだ。日没が迫った延長二十五回裏、中京商が内野ゴロで1点を奪ってついに決着。4時間55分の死闘の末、明石中は涙をのんだ。

　延長戦は1958年に十八回打ち切り再試合の規定が設けられた。2000年に十五回に短縮され、2018年からはタイブレーク制度を導入。早期決着が進む中、明石中の延長二十五回は不滅の最長試合として大会史に刻まれ続ける。

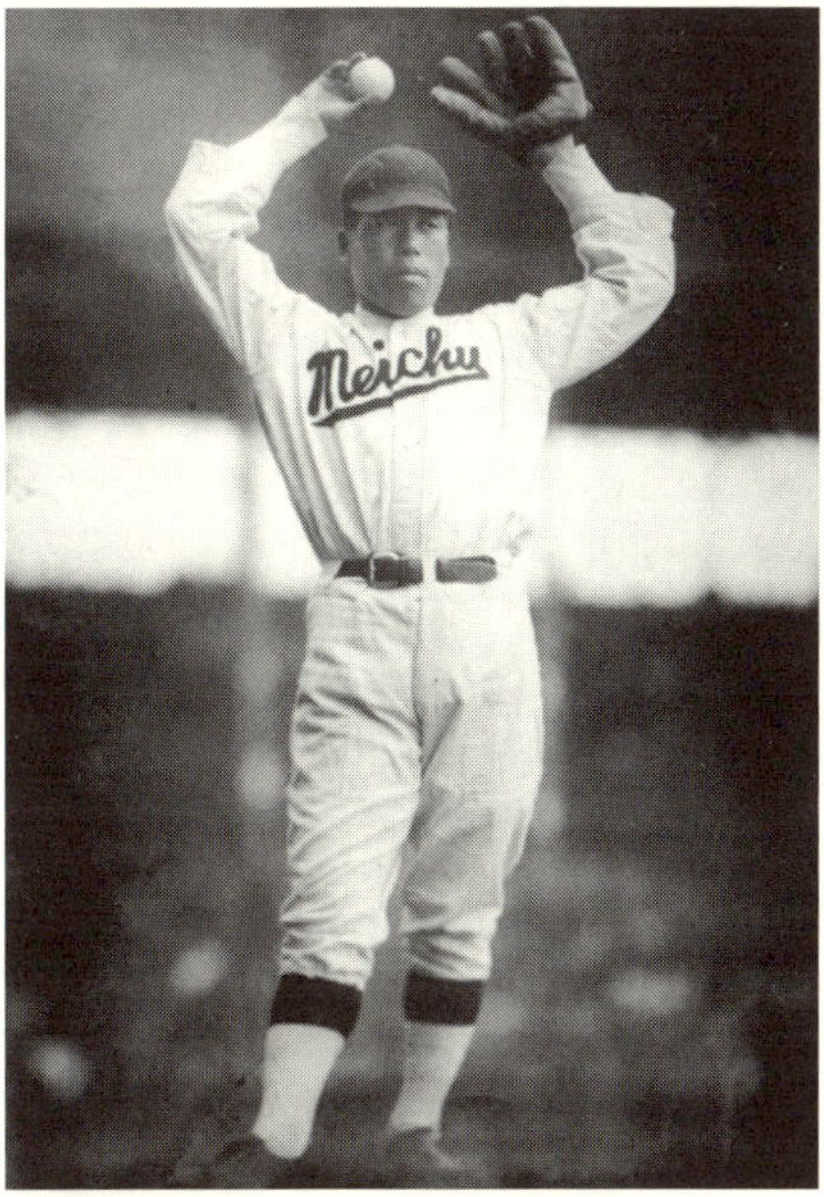

「世紀の剛球投手」と称された明石中の楠本保（楠本保彦さん提供）

「延長に泣く投手」

　慶応大に進んだ楠本が抜けた第20回大会（34年）も、明石中は兵庫大会を順当に勝ち進んだが、決勝で神戸一中（現神戸）に延長二十回の末に1―2で敗れた。前年の延長二十五回に続いて完投した中田は「延長に泣く投手」と呼ばれた。慶応大でも「明中コンビ」として活躍した楠本と中田は43年、ともに戦火に散った。中田が太平洋上で米軍の爆撃機に沈んだ翌日、楠本は中国戦線で戦死した。

　出征後に生まれた楠本の長男保彦さん（76）＝埼玉県＝は「一度も会えなかったから、おやじはいつまでたっても理想の人」と話す。戦後70年の2015年夏、保彦さんは前年に亡くなった母美代子さんと父の写真を携え、数十年ぶりに甲子園球場を訪れた。

　熱気渦巻く満員のスタンドに身を置いた保彦さんは、感慨に浸ったという。「延長二十五回の試合もすごい雰囲気だったんだろうなあ。自分にとってもいい記念になったし、両親も喜んでくれたと思う」

（山本哲志）

第21回大会（1935年／昭和10年）

育英商、名門への道

1935（昭和10）年の第21回大会は育英商（現育英）が悲願の初優勝を成し遂げた。後に全国制覇を果たし、数々のスター選手を生む同校が名門への道を切り開いた。

大正期の16年に正式に創部し、県大会は翌17年の第3回が初出場。夏の初勝利まで7年を要するなど、草創期は初戦敗退が続いたが、第16回で8強入りを果たし、急速に存在感を高めた。

第17、19回で決勝に進出して県の頂点まであと一歩に迫り、35年には選抜大会に初出場。そして同年の第21回大会決勝で当時、隆盛を誇っていた明石中（現明石）を下して初めて兵庫を制した。

その後の全国大会では勢いに乗って準優勝。『育英商・育英高校硬式野球部85年史』には「甲子園初出場準優勝以降、入部希望の新入生は激増」と記され、現在に至る伝統の土台が築かれた。（松本大輔）

第21回大会で初めて兵庫を制し、続く全国大会で準優勝に輝いた育英商ナイン
（育英商・育英高校硬式野球部85年史より）

第22回大会（1936年／昭和11年）

育英商V2、全国区に

前年、創部初の栄冠に輝いた育英商（現育英）。1936（昭和11）年の第22回大会も決勝で明石中（現明石）と顔を合わせた。再び7―1で退けて2連覇を果たし、時代の転換を印象づけた。前年春から4季連続出場となった甲子園大会も準決勝まで勝ち進み、全国区に駆け上がった。

躍進の原動力はエース佐藤平七。『育英商・育英高校硬式野球部85年史』によれば、佐藤は北海道・函館出身で、当時では珍しい「野球留学」だった。育英商のOBが北海道を旅行した際に目を付け、当時の柏木庄次監督が函館に出向いて家族を説得。佐藤を自宅に預かり、育て上げたという。

伸びやかな横手投げだった佐藤は正確無比なコントロールが武器だった。卒業後はプロ野球の毎日（現ロッテ）や阪急（現オリックス）でプレーした。

（松本大輔）

育英商を強豪に押し上げた佐藤平七
（兵庫県高校野球五十年史より）

第23回大会（1937年／昭和12年）

滝川中、念願の初優勝

1937（昭和12）年の第23回大会は滝川中（現滝川）が念願の初優勝。現在、滝川第二に伝統が受け継がれる屈指の強豪が歴史の扉を開いた。

18（大正7）年、開校と同時に活動を開始し、夏の兵庫大会初出場は2年後の第6回大会。当初は第一神港商や甲陽中（現甲陽）などに押されたが、35年の第21回大会で準決勝に進むと、翌36年春の選抜大会に初出場し、新鋭校として名乗りを上げた。

初優勝が期待された36年夏の兵庫大会は準決勝で育英商（現育英）に苦杯。

「打倒育英」を掲げた37年は初戦から圧勝を重ね、決勝は、準決勝で育英商を破った甲陽中に2―1で競り勝った。

その後の全国大会ではベスト4に進出。主将の三田政夫は卒業と同時に巨人入りし、川上哲治らとともに「花の13年組」と称された。

（松本大輔）

第23回大会で初優勝を飾った滝川中ナイン（瀧川野球部史より）

第24回大会（1938年／昭和13年）

甲陽中、別当薫が君臨

第24回大会（1938年）で4度目の優勝を飾った甲陽中（現甲陽）。投打の大黒柱だった別当薫は、慶大を経てプロ野球大阪（現阪神）に入団し、藤村富美男らとともに「ダイナマイト打線」を形成した。引退後は毎日（現ロッテ）や大洋（現DeNA）などで監督を務め、野球殿堂入りを果たした球界の偉人だ。

38年夏はエースとして君臨し、育英商（現育英）、神戸二中（現兵庫）など強豪を連破。決勝は前年覇者の滝川中（現滝川）を下し、8年ぶりの頂点に導いた。滝川中を牽引した別所毅彦は後の300勝投手。戦後のプロ野球を沸かせた両雄による一戦だった。

23年に全国大会初出場・初優勝の快挙を果たした甲陽は、別当を擁した38年を最後に甲子園から遠ざかる。現在は県内屈指の進学校として名高い。

（松本大輔）

第24回大会で甲陽中を優勝に導いた別当薫
（兵庫県高校野球五十年史より）

第25回大会（1939年／昭和14年）

関学中、戦前最後の甲子園

1939（昭和14）年の第25回大会は関学中（現関学）が10年ぶりに兵庫の覇権を奪回した。『関西学院野球部百年史』によれば、投手の富樫泰と遊撃手の富樫淳、二塁手の須古治と中堅手の須古真はともに兄弟。2組の兄弟選手を擁して夏の代表の座をつかんだ。

全国大会では1回戦で満州代表の天津商に大勝し、2回戦で長野商に敗れた。同大会を制した和歌山・海草中のエース嶋清一は全5試合を完封し、準決勝、決勝はいずれも無安打無得点。球史に残る快投を演じた。

第1回大会から参加し、日本一にも輝いた古豪・関学は39年が戦前最後の甲子園出場となった。以降は長い空白期間に入り、復活を果たしたのは98年春の選抜大会。戦後初の夏の兵庫大会優勝は2009年で、実に70年のブランクを経て返り咲いた。

（松本大輔）

第25回大会で10年ぶりに優勝した関学中ナイン（兵庫県高校野球五十年史より）

第26回大会（1940年／昭和15年）

北神商、最初で最後のV

1940（昭和15）年の第26回大会は、39年春の選抜大会に出場した北神商が初の栄冠を奪った。1回戦で第一神港商を下すと、準決勝は育英商（現育英）に延長で競り勝ち、決勝は甲陽中（現甲陽）に3―0で完封勝ち。全国大会の常連校を次々と破る大躍進だった。

私立校だった北神商は戦後、神戸市に移管され、兵庫商に改称した。28年の開校以来、90年の歴史を重ねたが、市神港との再編・統合に伴い、2018年春閉校。夏の甲子園出場は第26回大会が最初で最後だった。

最後の兵庫大会出場となった2017年は、兵庫商OBでもある窪前栄二監督が率い、3年生部員のみ14人で臨んだ。ユニホームの袖に「北神」の文字を刻み、古豪の伝統を継承。卒業生の期待が集まる中、見事初戦を突破して有終の美を飾った。

（松本大輔）

第26回大会に初の頂点に輝いた北神商ナイン
（兵庫県高校野球五十年史より）

第27回大会（1941年／昭和16年）

軍事色強まり、大会中止

軍事態勢が強まった1941（昭和16）年は異例の大会となった。文部省（当時）は全国規模のスポーツ大会の禁止を通達し、8月に予定された全国中等学校優勝野球大会は中止。第27回兵庫大会は1回戦10試合、2回戦2試合を行った時点で打ち切られ、優勝校は決まらなかった。

文部省通達前に開かれた41年春の選抜大会には滝川中（現滝川）が出場。別所毅彦は腕を骨折しながら投げ続け「泣くな別所　センバツの花」と称賛された。中軸には後に巨人などで活躍する青田昇が座ったが、戦争の影響で夏は道半ばで閉ざされた。

翌42年夏は滝川中が甲子園に勝ち上がったが、戦時下で文部省主催の「全国中等学校体育大会」として開かれたため、元来の大会に数えられず「幻の甲子園」と称されている。

（松本大輔）

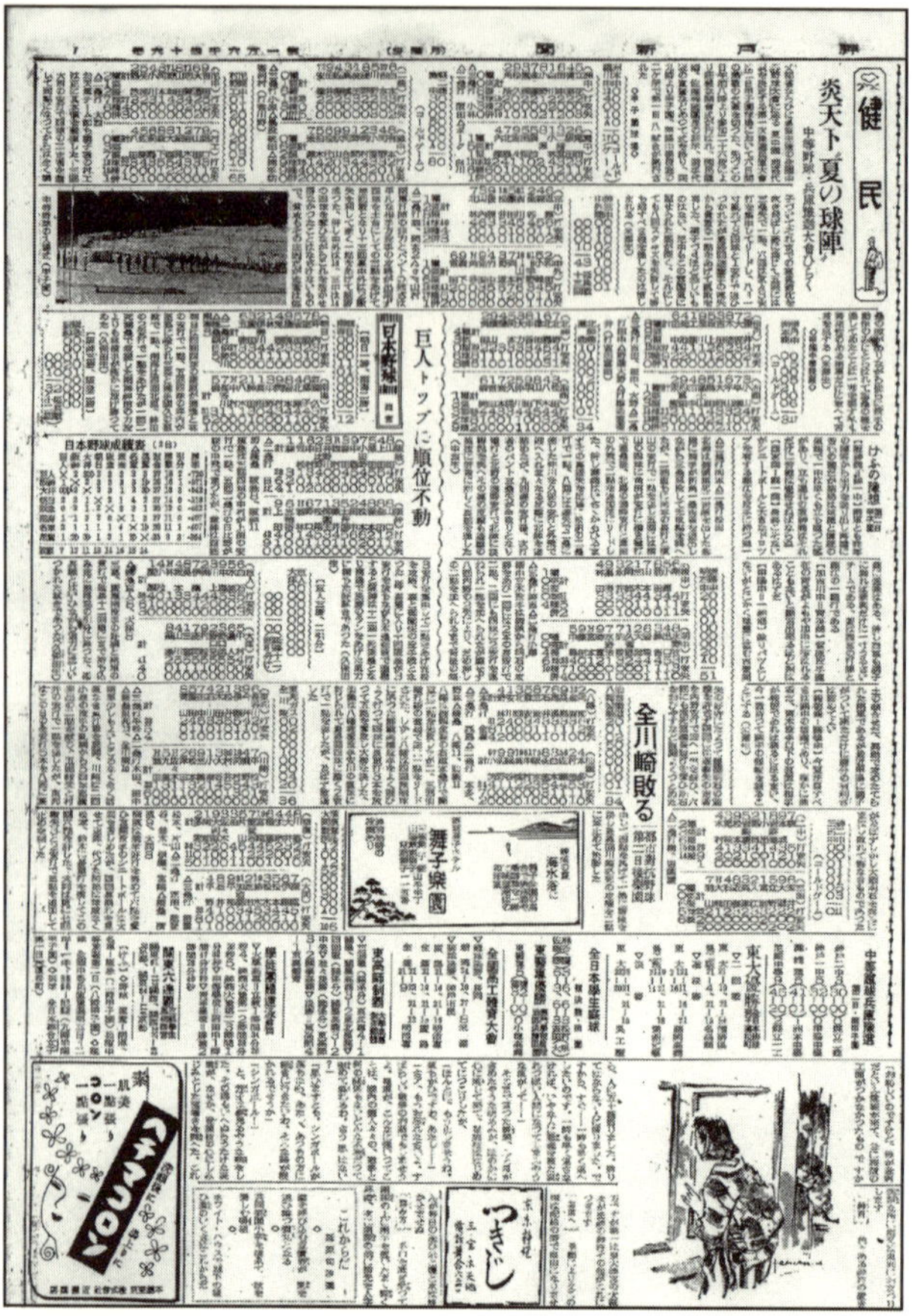

戦時下に開かれ、大会の回数に数えられていない1942年の夏の兵庫大会。開幕を伝える同年8月3日付神戸新聞紙面

第28回大会（1946年／昭和21年）

球音再び、初陣芦屋中V

終戦から1年後の1946（昭和21）年、兵庫にも球音が戻った。途中で大会中止となった41年以来、5年ぶりに再開された第28回大会。戦後初の覇者は、初出場の芦屋中（現県芦屋）だった。

前年の45年に発足したばかり。戦火で校舎は焼かれ、近隣の小学校に分散して間借り授業を受けながら、グラウンドも用具もない中でのスタートだった（芦高野球部五十年史「翠球」から）。初代野球部長の岸仁は「中古ボールを求めて何回となく三宮の闇市をうろついた」と記している。

第28回大会で初出場初優勝を果たした芦屋中ナイン
（芦高野球部十年「翠球」より）

チームの中心は下級生エース有本義明と「左投げ捕手」の橋本修三主将。関学中との決勝はスローボールと逆風を生かしたアウドロ（外角のドロップ）を駆使して4―0で完封した。

甲子園球場が米軍に接収されたため、全国大会は西宮球場で開催。芦屋中は1回戦で敗れたが、1期生の功績は学制改革後の黄金時代へと引き継がれた。

（山本哲志）

第29回大会（1947年／昭和22年）

神戸一中、13年ぶり復活

愛知・中京商の全国中等野球大会3連覇時に監督を務めた山岡嘉次が神戸一中（現神戸）に赴任したのは、1935（昭和10）年だった。44年3月に横浜へ移るまで、明治年間創部の古豪に在籍した。山岡監督時代、神戸一中は全国大会に出場できなかったが、戦後2年目の47（同22）年に復活を果たす。

春の選抜大会出場に続き、夏の第29回兵庫大会は準決勝で積年のライバル、神戸二中（現兵庫）に15—4で大勝。決勝は7—6で三田中（現三田学園）の猛追を振り切った。主将を務めた谷村匡は「温かくも厳しい諸先輩のノックの洗礼を受けて一戦ごとに強くなっていった」と『神戸一中・神戸高校野球部九十年史』に寄せている。名伯楽・山岡の教えを受け、戦中戦後の混乱期を生き抜いたOBの熱意が、13年ぶりの凱歌《がいか》を響かせた。（山本哲志）

第29回大会で復活優勝を遂げた神戸一中ナイン
（神戸一中・神戸高校野球部九十年史より）

第30回大会（1948年／昭和23年）

〝初代覇者〟神戸二届かず

1948年春の選抜大会に出場した神戸二中。
当時の3番打者大西清が獲得した打撃賞の盾

戦後の学制改革が実施され「高校野球」元年となった1948（昭和23）年。第30回大会は第1回優勝校が頂点へあと一歩に迫った。旧制神戸二中から改称された神戸二高は、同年春の選抜大会に初出場した勢いそのままに決勝まで躍進した。

県芦屋と雌雄を決する大一番は激戦となった。0―2の六回に3点を奪って逆転。当時のメンバー、岸本能宏（86）は「ベンチでは誰が優勝盾を持つかという話も出た」と振り返る。だが、八回に守備が乱れて3失点し、33年ぶりの覇権奪回は幻に終わった。

神戸二高はその後、第四神戸高等女学校との統合で兵庫となり、翌年選抜には県芦屋とそろって出場。戦後の混乱期ながら学生野球の人気は絶大で、スタンドは大観衆が渦を巻いた。甲子園の土を踏んだ岸本は「谷底で野球をしているようだった」と栄光の時代を思い起こす。

（山本哲志）

第31回大会（1949年／昭和24年）

戦後をリードした県芦屋

戦後の兵庫高校野球をリードした県芦屋。1945（昭和20）年創部の新興校は、第31回大会（49年）で2年連続3度目の頂点に立った。

3度の優勝すべてでエースを担ったのが、小柄ながら巧みな投球術を誇った有本義明。49年春の選抜大会で準優勝に導き、夏の兵庫大会決勝でも県尼崎工を9―0で完封した。有本は慶大で内野手として活躍した後、スポーツ紙記者として長く野球に携わった。93年から3年間は、プロ野球経験なしでダイエー（現ソフトバンク）の2軍監督に就くという異色の経歴でも知られる。

県芦屋が出場した第31回の全国大会から、開会式の入場行進で市西宮の女子生徒によるプラカード先導が始まった。発案した市西宮教諭の岸仁は県芦屋の初代野球部長。転任後も甲子園と関わり続けるためのアイデアだった、との逸話が残る。（山本哲志）

第31回大会で2連覇を果たした県芦屋（兵庫県高校野球五十年史より）

第32回大会（1950年／昭和25年）

明石再興、溝畑が完全試合

愛知・中京商との球史に残る延長二十五回の死闘から17年。1950（昭和25）年の第32回大会で、古豪・明石が夏の甲子園に帰ってきた。

25回を完投した中田武雄と同じ下級生左腕の溝畑圭一郎がエースを務めた。350球の投げ込みに遠投に走り込み。球の切れと制球力を培い、シュートも得意だった。兵庫大会の準々決勝では灘を相手に15奪三振で完全試合を達成。決勝は桝重正（元巨人）らを擁する兵庫工を6－2で下した。戦争の影響が残り、用具もなかった時代。「延長二十五回」のメンバー、横内明からもらったグラブで試合に臨んだという。

卒業後は神戸製鋼で54年の都市対抗初出場に貢献した。引退後も白球に触れ、82歳までソフトボールチームでプレー。85歳の今、つくづく感じる。「野球は人生そのものでした」

（山本哲志）

第32回大会で優勝した明石の溝畑圭一郎（左）と新納啓蔵のバッテリー（溝畑さん提供）

第33～35回大会（1951～53年／昭和26～28年）

県芦屋、戦後初のV3

3連覇の幕開け

今も昔も球児たちが夢見る「深紅の大優勝旗」。兵庫勢は戦前に3度、手にする栄誉に浴したが、甲陽中（現甲陽）が全国制覇した第9回大会（1923年）以降、30年近い空白が生まれた。待ちわびた地元に優勝旗を翻したのは、新鋭の県芦屋だった。

旧制芦屋中時代の46年、第28回兵庫大会で初出場初優勝を果たし、第30、31回を2連覇。強豪の地位を築くと、51年の第33回大会から戦後初の3連覇を成し遂げる。

第33回の立役者は2年生エース植村義信（元日本ハム監督）。超高校級の剛速球とドロップを武器に準決勝まで1試合平均12個以上の奪三振。決勝は戦前からの強豪・育英を2安打で完封し、優勝を引き寄せた。

県芦屋の校長室に飾られている第34回全国選手権決勝のウイニングボール＝芦屋市の同校

52年全国制覇、地元パレード

翌52年の第34回大会はさらに強さを増した。3回戦で前年春の選抜大会準優勝の鳴尾に5―1で快勝。中田昌宏（元阪急）―藤尾茂（元巨人）のバッテリーを擁した実力校を制すと、4回戦以降はいずれも圧勝し、決勝では再び育英を8―1の大差で退けた。

優勝候補の評判通り甲子園でも破竹の進撃を続けた。決勝は大阪・八尾との近畿対決。大阪大会から10試合連続完封の怪腕を振るっていた木村保（元南海）が相手だった。

中盤まで競り合い、1―1で迎えた五回、無死満塁のピンチを迎えた植村は1死後、

「一か八かのトリックプレー」（芦高十五年史より）を敢行した。三塁手が前進して走者を誘い出し、植村はスクイズができない高い球を投げて挟殺する――。見事、作戦が成功した県芦屋は流れに乗り、七回に3得点。全国の頂点に上り詰めた。

53年の第35回大会は全国優勝の主力8人が抜け、苦戦が予想されたが、前評判を覆す。三たび決勝で顔を合わせた育英をまたも下し、3年連続優勝の偉業を達成する。

1945年の創部以来、59年までの15年間で全国大会出場は夏6回、春6回の計12回。51年選抜準優勝の鳴尾、53年選抜優勝の洲本など、全国屈指のレベルを誇った当時の兵庫で、県芦屋の実績はひときわ輝く。

県芦屋で兵庫大会3連覇を果たし、夏の日本一にも輝いた本屋敷錦吾さん
＝芦屋市、ホテル竹園芦屋

阪神国道をパレード

52年に全国制覇した際、ナインは甲子園から芦屋までの阪神国道（現国道2号）をパレードした。沿道は多くの人で埋まり、歓喜に包まれたという。「（優勝報告で）芦屋市役所のバルコニーから見た大観衆はすごかった」。高校3年間で全国優勝と兵庫大会3連覇を経験した本屋敷錦吾（82）はそう言って懐かしむ。

甲子園の決勝で先制につながるチーム初安打を放ち、3年時は主将として引っ張った。卒業後は立教大に進み、同期の長嶋茂雄（元巨人監督）、杉浦忠（元南海監督）との「立教三羽がらす」で大学日本一。俊足好守の内野手として阪急に入団し、阪神移籍後の64年にはリーグ優勝を経験した。

華麗な野球人生を歩んだスター選手も、10代で味わった栄光は今なお忘れがたい記憶だ。「もちろん努力もしたが、本当に運に恵まれた。学生時代はいい思い出ばかり」と穏やかな笑みを浮かべる。

（山本哲志）

第36回大会（1954年／昭和29年）

住友工・村山実が快投

滝川が2度目の優勝を飾った1954（昭和29）年の第36回大会は、後にプロ野球史に名を刻む大投手が足跡を残している。尼崎・住友工のエース村山実。関大を経て大阪（現阪神）入りし、通算222勝をマーク。「ミスタータイガース」と称されたレジェンドだ。

村山が入学するまで住友工は夏の大会1勝が最高戦績だったが、2年生夏に4回戦まで導くと、3年生春は近畿大会で4強入り。夏の第36回大会は2回戦の市西宮戦で2安打完封、4回戦の西脇戦では3安打完封。準々決勝で明石に1－2で惜敗したものの、将来の大成を予感させる快投でチームを躍進させた。

98年の死去後、住友工の後身、尼崎産の敷地内に銅像が設置された。2013年、統合に伴う同校閉校後も、銅像は跡地の県立尼崎総合医療センター内に立ち、功績を伝え続けている。

（松本大輔）

母校住友工高の跡地に設置されている村山実の銅像
＝尼崎市東難波町2

第37回大会（1955年／昭和30年）

釜内氏率い、市神戸商初V

戦後10年の1955（昭和30）年。第37回大会は、後にプロ野球で完全試合を達成する森滝義巳を擁した兵庫などの強豪を押しのけ、市神戸商が初優勝をさらった。決勝は、春の県大会で1―16と大敗した明石に4―2で雪辱。当時の4番打者、津田朝良（80）は「OBにめちゃくちゃ絞られたから、気合は入っていた」と回想する。

監督の釜内和夫は2年後の57年から40年間、兵庫県高野連理事長を務め、兵庫の高校野球発展に尽力した人物だ。津田にとって釜内は「家族も同然の恩人」としのぶ。戦死した兄は北神商のエースとして釜内監督の下、39年の選抜大会に出場。「私も就職の世話や仲人までしてもらった。豪快な先生で、本当にいいおやじだった」

第37回大会で初優勝した市神戸商ナイン（兵庫県高校野球五十年史より）

市神戸商は赤塚山と統合し、98年に六甲アイランドが開校。甲子園出場は55年が春夏通じて唯一である。

（山本哲志）

第38回大会（1956年／昭和31年）

県尼崎、全盛期の初栄冠

1950年代に春4度、夏1度の甲子園出場を誇る県尼崎。兵庫大会を唯一制したのは今津光男（元中日、広島）がエースとして君臨した第38回大会（56年）だ。

3度の完封に、準決勝は育英、決勝は洲本相手にそれぞれ1失点完投。「背丈はなかったが、とにかく足腰が強かった。運動場の端から端までうさぎ跳び。嫌々付き合わされました」。今津の2学年下で、卒業後は近鉄でプレーした江渡辰郎（77）は苦笑交じりに振り返る。プロ入りへの決意が強く、自分にも他人にも厳しかったという。

甲子園には59年の春以降遠ざかり、近年の尼崎勢では市尼崎を追う立場になった。全盛期を知る江渡はアマチュア資格を取得。2017年春から母校のコーチを務め、孫の世代になった後輩たちを指導する。「一歩一歩、前進です」と江渡。往年の「県尼」復活を願う。

（山本哲志）

第38回大会で県尼崎を初の優勝に導いた今津光男投手
（兵庫県高校野球五十年史より）

第39回大会（1957年／昭和32年）

育英、22年ぶり返り咲き

育英商時代の1935（昭和10）年夏に全国準優勝した名門が、57年の第39回大会で戦後初の優勝を遂げた。51年から3年続けて決勝で県芦屋に苦杯。雌伏の時を経て22年ぶりに返り咲いた。

OBの源田忠一・青年監督の下、永井進（元阪急）―戸梶正夫（元阪神など）のバッテリーを擁し、全6試合でわずか1失点。宿敵・県芦屋にも準々決勝で完封勝ちした。

ただ、春夏連続で出場した甲子園大会はともに初戦で敗れた。夏は広島商に2度リードしながら延長十回の激闘の末、4―5でサヨナラ負け。広島商は波に乗って全国優勝を果たした。二塁手の木下正治は、『育英商・育英高校硬式野球部85年史』（99年発刊）に「今もって広商に負けたと思えぬ」と記す。

捕手の戸梶は阪神に8年間在籍。当時活躍した外国人投手、ジーン・バッキーとバッテリーを組み、存在感を光らせた。

（山本哲志）

第39回兵庫大会を制し、戦後初めて夏の甲子園の土を踏む育英ナイン（育英商・育英高校硬式野球部85年史より）

第40回大会（1958年／昭和33年）

姫路南、西播勢初の頂点

1958（昭和33）年の第40回大会は姫路南が初優勝。神戸・阪神勢に明石が対抗してきた兵庫の勢力図に、姫路市西部の新鋭が風穴をあけた。

6試合中4試合が1点差ゲーム。4回戦の兵庫戦は延長十七回、準決勝の私神港（現神港学園）戦は延長十六回を戦い抜いた。4番打者だった津田昌吾（77）は「何度あかんと思ったか。野球の神様がついとったんかな」と激闘の日々をしみじみと思い返す。

西播勢初の代表校誕生に地元は沸き立ち、翌59年の姫路球場建設への足がかりにもなったが、当のナインは「全国大会への不安で下を向いて宿舎に帰った」と津田。それでも1県1校の47代表が初めてそろった記念大会で多治見工（岐阜）に2―1、清水東（静岡）に4―3とし、ぶとく2勝を挙げた。その後は、春夏通じて甲子園出場を果たせていない。

（山本哲志）

優勝旗を授与される姫路南の選手（兵庫県高校野球五十年史より）

第41回大会（1959年／昭和34年）

滝川・吉本、名将への一歩

兵庫の高校野球を長くけん引した名将が歴戦の一歩を記した。１９５９（昭和34）年の第41回大会は吉本宗泰監督が率いた滝川が優勝。母校に戻り、就任3年目で監督として初の栄冠に輝いた。

専大の監督を経て57年に就任した。当時31歳。若くして名門の指揮を託されたが、2年目の58年夏の兵庫大会準々決勝では優勝した姫路南と激闘を演じて存在を誇示。59年は県芦屋を準々決勝で破り、決勝は同じ神戸・板宿地区のライバル、育英を2―0で退けた。

華美な言動を慎み、学生野球の本分をわきまえた。同校野球部史には「伝統ある滝川野球の継承と発展を考慮したとき、まさに適任」と就任の経緯がつづられている。滝川、滝川第二で32年間監督を務め、甲子園出場は春8回、夏5回。計13回の出場は県内の歴代監督2位の記録である。

（松本大輔）

就任間もないころの滝川・吉本宗泰監督（左）（瀧川野球部史より）

第42回大会（1960年／昭和35年）

明石、土井正三の育英下す

1960（昭和35）年の第42回大会は伝統校、明石が4度目の栄冠に輝いた。決勝の相手は前年準優勝の育英。後に巨人のV9に貢献する土井正三が要を担った。戦力的には劣っていた明石だったが、1―0で競り勝つ。決勝の1点は名手・土井の悪送球で許した走者だった。

監督の赤松晃は旧制明石中時代の47年、選手として戦後初の選抜大会に出場。チームメートは元阪神の大津淳、神戸弘陵などで監督を務めた高木太三朗らで「延長二十五回」のメンバー、横内明の薫陶を受けた世代だ。

早大出身で戦術家だった赤松監督。当時の高校野球では浸透していなかった対戦校の事前視察を取り入れ、相手の特徴を捉えたという。優勝時1年生だった木下裕一（73）＝元明石部長＝は「試合前の分析は今でこそ当たり前だが、当時としては新しい野球だった」と述懐する。

（松本大輔）

第42回大会で4度目の優勝を果たした明石ナイン
（兵庫県高校野球五十年史より）

第43回大会（1961年／昭和36年）

誕生「逆転の報徳」

延長十一回裏に6点差を追い付き、十二回裏にサヨナラ勝ち。1961（昭和36）年夏の甲子園1回戦、岡山・倉敷工相手に奇跡的な試合を演じ、今に受け継がれる「逆転の報徳」は誕生した。

創部は昭和初期の32年。大逆転を遂げた61年の第43回が甲子園初出場だった。当時の捕手、高橋尤二（74）は回想する。「育英、滝川が強くて甲子園なんて頭にもなかった」

兵庫大会から神懸かっていた。準決勝の兵庫工戦は五回表を終えて0—6。大敗ムードが漂う中、五回裏に猛追。一挙6点を奪って追い付き、七回に勝ち越す逆転劇を起こした。決勝は県尼崎に2—0で完勝し、学校創立50年で頂点にたどり着いた。2014年まで野球部OB会長を務めた高橋は目を細める。「報徳の原点と言ってもらえる。ありがたいことです」

（松本大輔）

第43回全国選手権で逆転勝ちを決める報徳。初の甲子園で一躍名をはせた

第44回大会（1962年／昭和37年）

柏原旋風、輝く準優勝

ダークホースの快進撃は「柏原旋風」と呼ばれた。1962（昭和37）年の第44回大会で初の決勝に勝ち進んだ柏原。滝川に完敗を喫し、準優勝に終わったが、丹波勢で唯一、県最北部の決勝進出校として名を刻む。

好投手の井尻英毅を擁し、61年春の選抜大会に初出場したが、主力が抜けた62年は今井雅之、赤井昭一ら3年生はわずか6人。秋春の県大会は1回戦負けで、夏はノーマークの存在だった。ところが3回戦で春の準優勝校、尼崎北に競り勝つと、準々決勝、準決勝もエース船越昭紀が完封。低い前評判を覆した。

選抜出場時からレギュラーだった横尾進（74）は「甲子園に出た次の年。『よくつないでくれた』とわが事のように喜んでくれた先輩たちの姿が忘れられない」。

半世紀が過ぎた今も当時のメンバーは学年を超えて集まり、昔話に花を咲かせるという。

（松本大輔）

第44回大会で準優勝に輝いた柏原ナイン（横尾進氏提供）

第45回大会（1963年／昭和38年）

市西宮、有言実行の初V

1963（昭和38）年の第45回大会は、決勝で市西宮が6―5で姫路南を下して初優勝。同年春の選抜に続く甲子園の開会式では、例年プラカード先導を務める女子生徒との行進が実現した。

下級生主体で、6人は学文中（西宮市）時代に近畿大会優勝。「みんなで甲子園に」とそろって進学した地元公立校で有言実行した。下手投げエースだった友光克彦（71）は「サインは中学のものを使っていたし、チームの完成度は高かった」と語る。夏前に大阪の強豪、浪商（現大体大浪商）との練習試合で高田繁（元巨人）に投げ勝った経験も自信になったという。

友光らは3季連続の甲子園出場となった64年春の選抜でベスト8に進出。以降は聖地から遠ざかるが、2017年夏の第99回大会では、エース山本拓実（現中日）を擁して8強入りし、存在感を示した。

（山本哲志）

第45回全国選手権の開会式で行進する市西宮ナイン

第46回大会（1964年／昭和39年）

滝川・芝池、48回2／3無失点

兵庫大会6試合、48回2／3を投げて失点ゼロ。1964（昭和39）年の第46回大会は滝川のエース、芝池博明の独壇場だった。勝負の準々決勝以降は3試合連続完封。2回戦で敗れた甲子園大会まで、59回連続無失点の記録を残した。

下手投げからの直球が伸び、制球も抜群だった。3回戦の東洋大姫路戦は無安打、準々決勝の鳴尾戦は延長十二回を2安打。「打たれたヒットは6試合で13本。1点を取ってくれれば勝てると思っていた」。芝池はそう回想する。真骨頂は1学年下の育英・鈴木啓示（元近鉄）と投げ合った決勝。自らヒットで出塁して決勝のホームを踏み、1―0の完封で甲子園切符をつかんだ。

専修大では完全試合を達成し、プロ野球近鉄などで10年間プレー。引退後は明石駅近くで居酒屋を営み、71歳の今も野球教室で子どもたちを指導する。

（松本大輔）

下手投げ右腕として滝川を引っ張った芝池博明投手（瀧川野球部史より）

第47〜49回大会（1965〜67年／昭和40〜42年）

報徳、無敵の3連覇

第47回大会　鈴木啓示に勝利

1961（昭和36）年の第43回全国選手権で大逆転劇を演じ、鮮烈な甲子園デビューを飾った報徳。4年後の第47回大会から戦後2校目の兵庫大会3連覇を達成し、県内屈指の強豪に駆け上がっていく。

65年の第47回大会は、エース谷村智博を中心とした堅守で勝ち進む。学生マネジャーの東照久が縁の下で支えたチームの結束力は固く、制球のいい谷村をバックが無失策でもり立て、完封勝ちは4試合を数えた。

2度目の兵庫大会優勝を果たし、第47回全国選手権で入場行進する報徳ナイン

同年の選抜大会に出場した育英との決勝は、後の300勝投手、鈴木啓示（元近鉄）との投げ合い。八回まで互いにゼロを並べる緊迫の投手戦は九回裏、報徳が1点をもぎ取り、劇的な勝利で甲子園をつかむ。一方、育英の鈴木は前年決勝の滝川戦に続き、2年連続0―1で涙をのんだ。

甲子園でも2試合連続完封を演じた谷村は関学大、鐘淵化学を経てプロ入り。阪神、阪急で通算72勝を挙げた。同校野球部八十周年記念誌（2012年発行）の中で谷村は「毎日200、300球の投げ込みは当たり前。肋骨《ろっこつ》にひびが入っても投げた日もあった」と過酷な高校時代を回想している。

第48回大会　「逆転の報徳」の真骨頂

66年の第48回大会は4回戦で再び育英をサヨナラで下すと、決勝は淡路勢初の頂点を目指した洲本を5―2で退ける。2年連続で出場した夏の甲子園大会では2回戦で主砲・荒武康博（元西鉄）が満塁本塁打を放つなど、前年を上回るベスト4入りを果たした。

春の選抜出場校として臨んだ67年の第49回大会は、県内ではもはや無敵の存在だった。準々決勝で育英に8—0、決勝も三田学園に4—0。3年連続優勝の快挙とともに、前年夏から3季連続甲子園出場を決めた。

甲子園でも前年に続いてスタンドを沸かせる。1回戦の埼玉・大宮戦は1点をリードされた九回2死から追い付き、さらに本盗を決めてサヨナラ勝ち。土壇場で奇策を敢行し「逆転の報徳」の真骨頂を発揮した。

報徳の監督退任後、社会人野球の神戸製鋼を指揮し、都市対抗優勝に導いた清水一夫氏。2004年、73歳で死去した＝1977年撮影

第49回大会　不動の名門へ

兵庫大会3連覇に導いた監督は、ＯＢの清水一夫。中大を経て市神港の監督として63年の選抜大会に出場した後、母校に復帰した。猛烈な練習で知られ、ついた異名は「黒鬼」。65年優勝時の主将、朝山彦一（71）は「ノックは1人がエラーすれば一からやり直し。へとへとでもボールを取りにいく姿勢を見せないと怒られた。県内では3、4番手だったが、練習量では他に負けていない自負があった」と思い起こす。

清水は10年間監督を務め、甲子園出場は春3回、夏4回。基満男（元大洋など）、水沼四郎（元広島など）、松本匡史（元巨人）ら数々のプロ選手を育て上げ、報徳の名を球界に響かせた。名門の地位を不動にし、72年に退任。後に選抜大会優勝を果たす慶大出身のＯＢ、福島敦彦にタクトを託した。

（松本大輔）

第50回大会（1968年／昭和43年）

伝説の剛腕、市神港・山口

1915（大正4）年に産声を上げた兵庫大会は、68（昭和43）年で第50回を迎えた。節目を飾ったのは、第一神港商時代に選抜大会連覇を誇る古豪・市神港。37年ぶり6度目優勝の立役者は伝説の剛腕、山口高志だ。

身長169センチと小柄ながら、力を振り絞るように右腕を振り下ろし、うなる速球で押した。2年春の県大会で2戦連続の無安打無得点試合。夏は山本功児（元ロッテ監督）がけん引した三田学園に敗れたが、3年時に春夏連続の甲子園出場を果たした。関大で日本一に輝き、松下電器から阪急入り。故障で実働期間は短かったものの、新人王や日本シリーズMVPなど強烈な印象を残した。

プロ野球史上最速とも称された速球に「自分が速さを感じるのは不可能。（評判は）こそばゆい」と山口。阪神のスカウト、コーチを経て、67歳の今は母校関大で学生を指導している。

（山本哲志）

第50回大会で古豪・市神港を甲子園に導いた山口高志投手（兵庫県高校野球五十年史より）

第51回大会（1969年／昭和44年）

東洋大姫路時代の序章

1969（昭和44）年の第51回大会は、新たな強豪がのろしを上げた。63年創部の東洋大姫路。弱冠27歳の梅谷馨監督が率い、64年の兵庫大会初出場からわずか6年で頂に登り詰めた。

同年春の選抜大会8強、尼崎西との決勝はエース杉本正時が無四球で3安打完封。杉本は全7試合63回を1人で投げ抜いて4度の完封劇を演じ「杉本がいなかったら優勝は絶対に無理だった。彼が中心のチームだった」と当時の部長、大久保強（80）はたたえる。

初優勝を飾った梅谷は、兵庫大会決勝の翌日、姫路商の元監督、田中治を訪れた。「一から野球を学びたい」と社会人野球出身の田中に監督就任を依頼したという。

第51回大会で初の栄冠に輝き、場内を行進する東洋大姫路ナイン

田中は甲子園大会後、正式に監督に就き、梅谷との二人三脚の体制を確立。1970年代の隆盛へとつながる。

（宮崎真彦）

第52回大会（1970年／昭和45年）

滝川、宿敵破りV奪回

　1970（昭和45）年の第52回大会は名門・滝川が6年ぶりに王座を奪回。春夏連続の甲子園出場を遂げた。

　この年の最大のライバルは三田学園。淡口憲治（元巨人など）、羽田耕一（元近鉄）ら強打者が並び、選抜大会では8強入りした実力校だった。両校は兵庫大会準決勝で激突。1点を争う接戦は七回に滝川が勝ち越し、4―3で振り切る。三塁手兼投手の亘《わたり》栄一郎からエース松田正彦への継投で大きな山場を乗り越えた。

　亘は日大を経て母校の指導者に転じた。滝川第二では監督を務め、88年に滝川の伝統を受け継ぐ同校を初めて夏の甲子園に導いた。

　自身の高校時代を振り返り「バントや盗塁など、できることを確実にできる選手がそろっていた」と話す。65歳を迎え、2017年県高野連から指導者表彰を受け、長年の功績をたたえられた。

（宮崎真彦）

第52回大会で6年ぶりの頂点に立った滝川ナイン（兵庫県高校野球史より）

第53回大会（1971年／昭和46年）

山崎、快進撃の準優勝

西播磨から強烈な風が吹いた。1971（昭和46）年の第53回大会は山崎が初の決勝進出。甲子園には届かなかったが、公立校の快進撃は山間部のまちに夢を抱かせた。

宍粟郡（現宍粟市など）の力のある中学生が集まり、育英出身の石田広志監督の下、「3カ年計画」で強化。打撃を重視したチームは4試合でコールドゲーム勝ちし、準決勝までの6試合で計46得点をたたき出した。

決勝は報徳に1―17の大敗を喫したが、試合後、山崎町役場（当時）に戻ったナインは大歓声で出迎えられた。健闘をたたえる花吹雪が舞い、役場から同校までの道のりをパレードした。

同年のドラフトで巨人から4位指名を受けた主砲の尾形正己（65）は「（パレードの）光景は忘れられない。あの夏が後々の野球人生の心の支えになった」。尾形はプロ入りせず、新日鉄広畑（当時）で選手、監督として活躍した。

（宮崎真彦）

第53回大会準決勝、山崎―津名戦から
（兵庫県高校野球史より）

第54〜56回大会（1972〜74年／昭和47〜49年）

「夏の東洋」、魂のV3

第54回大会　3年ぶりに勝利

高校野球界にとどろく「夏の東洋」の異名を確かにした。1972（昭和47）年の第54回大会から3年連続優勝。63年の創部から10年で東洋大姫路が牙城を築き上げた。

初優勝以来、3年ぶりの栄冠に輝いた第54回大会は決勝で市神港と顔を合わせた。伝統校との決戦は2―2の六回から膠着《こうちゃく》。延長十五回表、2番打者の井上光一が決勝の適時三塁打を放ち、死闘にけりをつけた。

第55回大会　悲しみを超えて

翌73年の第55回大会はチーム内の危機を乗り越えた。5月に4番打者の池尻一平が練習中に心臓まひで急死。中心打者を亡くす悲しみに包まれる中、エース福井幸次は右手の腱鞘炎の痛みに耐えながら力投を続けた。

名門・滝川との決勝は1点を追う六回に試合をひっくり返した。1死一、三塁からの内野ゴロが相手守備の乱れを誘って命拾いすると、満塁からの内野ゴロが相手のグラブをはじき、2者が生還。しぶとい攻めで2連覇をたぐり寄せた。

第56回大会　一年生の活躍

74年の第56回大会は、後に阪急で活躍する弓岡敬二郎が1年生で1番・遊撃を担う。走攻守の三拍子が備わった黄金ルーキーは準決勝の滝川戦、3―3で迎えた九回裏2死からヒットでつない

第56回大会で戦後3校目の3連覇を果たし、優勝旗を受け取る東洋大姫路ナイン

でサヨナラ勝ちを呼び込む。加古川西との決勝では3安打の固め打ちで11―2の圧勝を導いた。

名将田中、鬼気迫る練習重ね

夏の甲子園に出場した3年間、東洋大姫路は春の選抜大会には一度も出場していない。だが、夏の兵庫大会で、選抜に出場した学校をことごとく直接対決で沈めた。72年の市神港、73年の報徳、74年の報徳、滝川。「夏の東洋」と称されるゆえんだ。

東洋大姫路の黄金期を築いた田中治監督
(東洋大姫路野球部創部40年史より)

当時の4番打者で、現在母校を率いる藤田明彦(61)は振り返る。「田中治監督、梅谷馨コーチの指導で5の力を6、7にしてもらった。2人から『甲子園は夏しかないもんや』と常々言われていた」。鬼気迫る練習を重ねて地力と執念を培い、毎年のように夏にチームを昇華させた。

3連覇時の監督、田中治は身長180センチ、体重120キロの大男。「(戦時中の)予科練の死に損ない」が口癖だったという。45年8月20日に鹿児島・知覧から特攻隊員として出撃する計画だったが、直前に終戦。数奇な運命をたどった。

田中から薫陶を受けた藤田は言う。「20歳の時に(特攻隊員として)定まった死の日に備えて生きてこられた方。普段から覚悟が違った」

3連覇を果たした74年限りで田中は梅谷と監督を交代。副部長の立場で指導を続けたが、12年後の86年1月、グラウンドで倒れ、59歳で帰らぬ人となった。「本当に早すぎた」。部長として田中を支えた大久保強(80)は今もそう悔やむ。

(宮崎真彦)

第57回大会（1975年／昭和50年）

史上初めての淡路島決戦

洲本と津名が激突した1975（昭和50）年の第57回大会の決勝。史上初となる淡路島決戦は洲本に軍配が上がった。

洲本は腰を痛めて登板を回避していたエースの左腕山家泰臣が準決勝の東洋大姫路戦でマウンドへ。4連覇を狙う強豪相手の大一番で1失点完投。準々決勝で報徳を破って勝ち上がってきた津名との決勝は、同点の六回に二宮徹の適時三塁打などで2点を勝ち越し。山家が準決勝に続いて1失点で完投し、3―1で制した。

53年の選抜大会で初出場初優勝の快挙を果たした洲本だが、夏の甲子園切符は初めて。船で帰淡したナインを待つ洲本港は、老若男女で埋め尽くされた。当時の遊撃手、野水直哉（60）は「あの光景を見て自分らが優勝したんだと実感した」と懐かしむ。淡路島を二分した戦いは、今も多くの人の心に焼き付く。

（宮崎真彦）

淡路島同士の第57回大会決勝を制し、表彰される洲本ナイン

第58回大会（1976年／昭和51年）

古豪・市神港、最後の栄冠

1976（昭和51）年の第58回大会は市神港が8年ぶり7度目の優勝を飾った。2018年3月に学校統合により閉校した同校にとって、これが最後の夏の栄冠となった。

傑出した選手が不在のチームは粘りを武器に進撃した。3回戦の篠山鳳鳴戦、4回戦の津名戦は逆転勝ち。準決勝の三田学園戦も九回に追い付き、延長十回に勝ち越すなど、終盤の底力が光った。東洋大姫路との決勝は四回に一挙6得点し、6―0で完勝した。

大正期の1917年に創部した古豪は、第一神港商時代の選抜大会2連覇を含み、全国大会出場は春夏15度。山口高志（元阪急）、吉田孝司（元巨人）、宮本幸信（元阪急、広島など）ら数々の名選手も巣立った。輝かしい歴史を刻み、創部100年を迎えた2017年夏、栄光に幕を下ろした。（宮崎真彦）

第58回大会で頂点に立ち、優勝旗を手に行進する市神港ナイン

第59回大会（1977年／昭和52年）

東洋大姫路、深紅の大旗

1977（昭和52）年の第59回大会は、王者・東洋大姫路が盤石の勝ち上がりを見せた。5度目の出場となった夏の甲子園では決勝で安井浩二主将がサヨナラ3ラン。大会史上初の快挙で初優勝を飾り、52年の県芦屋以来、25年ぶりに兵庫に深紅の大旗を持ち帰った。

左腕のエース松本正志（元阪急）を軸に隙がなかった。夏の大会前の春季近畿大会決勝では、強豪のPL学園（大阪）を相手に11―1で大勝。兵庫大会も危なげなく、初優勝を狙った市尼崎との決勝は、松本が八回まで無安打。九回に初安打を許したが、1安打完封の快投を演じた。

創部当初から部長を務めた大久保強（80）が「練習試合も含めてほぼ負けたことのないチームだった」と評する絶対的なチーム。70～80年代の黄金期でひときわ輝いた1年だった。

（宮崎真彦）

第59回大会決勝の市尼崎戦で1安打完封した東洋大姫路の松本正志投手

第60回大会（1978年／昭和53年）

淡路勢躍進、4強に3校

甲子園球場でゲームができるのは地元兵庫球児のいわば特権。1978（昭和53）年の第60回記念大会も、神戸北と初出場の三木東が対戦する開幕カードをはじめ5試合が組まれた。

ベスト4に洲本、洲本実、津名の淡路3校が残った。洲本は5回戦でこの年の選抜大会に出た村野工を延長十三回、8―7で退けた粘り強い試合運びが光った。当時の淡路勢は鳴門海峡を船で四国へ渡る〝武者修行〟でチーム力を高めた。

決勝は報徳がその洲本を3―2で下し、7年ぶりの優勝を飾った。

第60回大会決勝で報徳に敗れ、ベンチ前に整列する洲本ナイン

ここに一つのデータがある。大会参加校の主将の守備位置を調べると、63年の第45回大会（参加93校）は投手が2割を占めたが、第60回大会（同135校）では1割と半減。識者は「エースで主将という一人のスターをつくるより、組織力を重視する時代になった」とコメントする。

（吉岡猛逸）

第61回大会（1979年／昭和54年）

波乱の大会、明石南初V

1979（昭和54）年の第61回大会は波乱が相次いだ。この年の選抜大会8強の尼崎北は5回戦で敗れ、ベスト8は豊岡、舞子、兵庫、明石南、尼崎小田、武庫荘、市尼崎の公立が7校を占めた。4回戦で2点差を追う九回に一挙5点を挙げ、御影工に逆転勝ちして勢いづいた明石南が初の頂点に上り詰めた。

決勝で対戦した市尼崎のエース林泰宏は、ドラフト1位で巨人に入団する逸材。準々決勝では選抜大会4強の東洋大姫路を2安打完封した。明石南は両校無得点の六回2死二塁から細田士郎の中前打で決勝の1点を挙げた。市尼崎は2年前に次ぎ決勝で涙をのんだ。

明石南の三塁ランナーコーチだった川崎透（56）は「二塁走者がエース浜名敬一だったこともあり、三塁で止まる指示をしたが、制止を振り切って本塁に突入した」と決勝点の場面を鮮明に覚えている。

（吉岡猛逸）

第61回大会で初優勝を飾った明石南ナイン

第62回大会（1980年／昭和55年）

「滝川」最後の優勝

県高校球界をリードしてきた滝川と報徳が夏の決勝で顔を合わせるのは、1980（昭和55）年の第62回大会が初めて。同年の選抜大会ベスト16の滝川が4－2で逆転勝ちし、春夏連続の甲子園出場を決めた。10年ぶり7度目の栄冠。「滝川」としての優勝は、これが最後となる。

左腕エース石本貴昭が進撃の立役者となった。東洋大姫路と対戦した正念場の準決勝は11奪三振、1失点の快投。ドラフト1位で近鉄に入り、5年目の85年、19勝（3敗）7セーブをマークして堂々の勝率1位に輝いた。

石本と滝川で同級生だった将棋の谷川浩司九段は同校野球部史に「昭和55年センバツの鳴門戦で石本君が突然制球を乱し、三塁側アルプス席の私達は立ち上がって肩を組み『石本頑張れ』と精いっぱい応援した」と寄稿している。

（吉岡猛逸）

甲子園で力投する滝川の石本貴昭投手

報徳、金村擁し悲願

1981（昭和56）年の第63回大会決勝は、報徳が5―1で東洋大姫路を下して春夏連続の甲子園出場を決め、さらに悲願の全国制覇を達成した。

村田真一（元巨人）が4番を打つ滝川との準々決勝で命拾いをしている。1点リードされて後のない九回、代打永田裕治の中前打を足場に追い付いて延長十二回、サヨナラ勝ちした。兵庫大会ベスト8止まりと紙一重の「日本一」だった。

ドラフト1位で近鉄に入る金村義明が、エースで4番の大黒柱。全国の頂点への道のりも険しかった。主将の大谷晴重は2002年の神戸新聞連載で、工藤公康（現ソフトバンク監督）を擁する名古屋電気（現愛工大名電）との対戦を「勝つことより三振を10個以上しないことが目標だった」と振り返っている。

第63回大会を制し、優勝旗を差し上げ喜ぶ報徳の金村義明投手

永田は02年の選抜大会で、今度は監督として母校を優勝に導いた。

（吉岡猛逸）

第64回大会（1982年／昭和57年）

中播磨決戦、東洋に軍配

1982（昭和57）年の第64回大会から、シード校の4回戦までの試合が近くの球場に固定された。例えば北播の有力校・社。前回の組み合わせでは初戦の2回戦が神戸市民、3回戦姫路、4回戦尼崎記念だったが、今回はすべて明石となった。

準決勝は東洋大姫路2―1報徳、市川3―2育英と、いずれも1点差ゲーム。大会史上初の〝中播磨決戦〟は10―0で東洋大姫路が勝ちどきを上げた。5年ぶり6度目の栄冠。甲子園では準決勝で、優勝した池田（徳島）に3―4で敗れた。

元巨人監督の長嶋茂雄が「三拍子そろった素晴らしい選手」とほれ込んだ浜坂中（兵庫県新温泉町）出身の三塁手、田中泰がチームを引っ張った。田中は県高校野球史に「甲子園は私の青春のすべてであり、宝であり、私をより大きくしてくれた師である」と寄稿している。

（吉岡猛逸）

第64回大会で市川を破って優勝を決め、喜ぶ東洋大姫路ナイン

第65回大会（1983年／昭和58年）

市尼崎、三度目の正直

須磨友が丘、川西北陵、三木北、神戸弘陵が初出場した1983（昭和58）年の第65回大会参加校は152を数えた。全国49の地方大会では神奈川、大阪、愛知に次ぐ4番目の多さ。

ベスト8は同年の選抜大会に出た高砂南をはじめ市尼崎、洲本、尼崎小田、県尼崎、東播工と公立が6校を占めた。残る2校は滝川と三田学園。

4年ぶりの公立決戦は池山隆寛（元ヤクルト）が3番を打つ市尼崎が8―0で洲本を下して初優勝した。これまで2度、決勝で涙をのんだ悔しさを「三度目の正直」で晴らした。洲本は2年生投手川畑泰博（元中日など）が進撃を支えた。

市尼崎もエースは同じ2年生の宮長貞行。母校は2016年夏の甲子園に2度目の出場を果たした。アルプス席で応援した宮長は「33年前の光景がだぶった」と取材に答えている。

（吉岡猛逸）

第65回大会で洲本を破り初優勝し、場内を行進する市尼崎ナイン

第66回大会（1984年／昭和59年）

明石復活、24年ぶりV

1984（昭和59）年の第66回大会終盤は、ロサンゼルス五輪の会期と重なった。西宮甲山、播磨南、加古川南の初陣3校を含め、155校が参加した。同年開校の播磨南は1年生だけのチーム編成で臨み、初戦でコールドゲーム負けしたが、翌々年に大会初勝利を含む2勝をマークする。

名門復活を告げる明石の24年ぶり優勝が、全国的な話題となった。村野工との決勝は延長十一回の熱戦を3―2で制した。5回戦の香寺戦、準々決勝の舞子戦、準決勝の神港学園戦とも1失点で切り抜けた小柄なエース高橋俊夫の外角低めを突く粘投がさえた。

第66回大会で24年ぶりに優勝旗を手にした明石ナイン

主将だった岸本剛は県高校野球史に「目標はベスト16突破だった。甲子園へ行きたい気持ちはあったが、現実とあまりにもかけ離れていた。だから甲子園でPL学園に負けるまで本当に夢見心地だった」と思い出を寄せている。

（吉岡猛逸）

第67回大会（1985年／昭和60年）

名門「滝川」、最後の夏

1985（昭和60）年の第67回大会を最後に廃部となる滝川が、全国的な注目を集めた。東洋大姫路との4回戦。姫路球場は約7千人の観客で膨れ上がった。

東洋大姫路・豊田次郎（元オリックス）、滝川・池上誠一（元近鉄）の両エースの投げ合いが続く。東洋大姫路は七回、代打長谷川滋利（元マリナーズなど）の適時打で決勝の1点を奪った。同年の選抜大会に出たチーム同士の対戦となった決勝は東洋大姫路が2―1で報徳に逆転勝ちした。3年ぶり7度目の栄冠。

滝川の伝統は滝川第二が継承。野球部の灯が消えた滝川で「新しく部をつくろう」という機運が高まり翌春、県高野連に再加盟する。昭和40～50年代に部長を務めた平田家興（78）は「滝川第二は伝統を受け継いだが、滝川の甲子園出場回数という歴史を引き継げない寂しさがあった」と打ち明ける。

（吉岡猛逸）

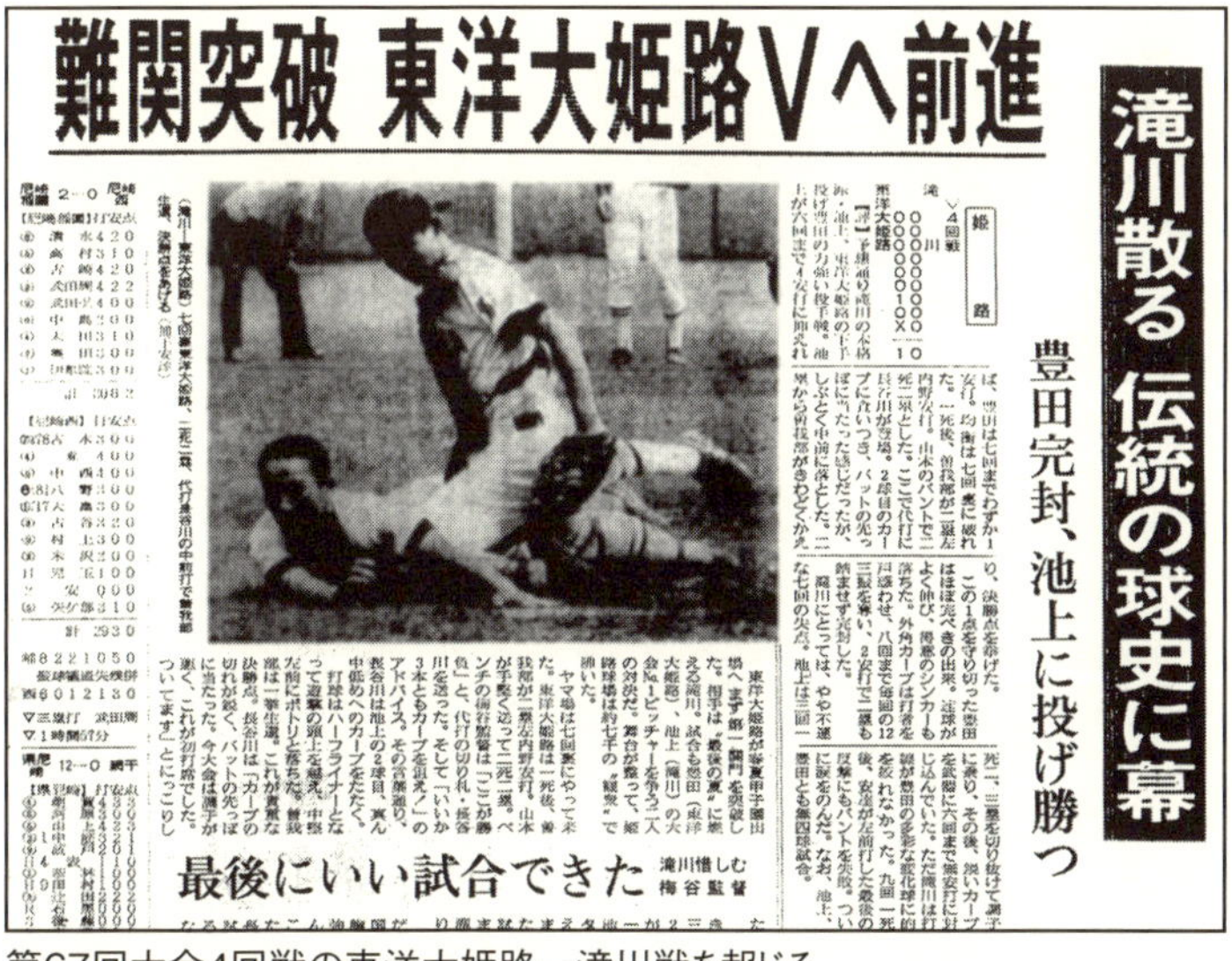

第67回大会4回戦の東洋大姫路―滝川戦を報じる1985年7月25日付の神戸新聞紙面

第68回大会（1986年／昭和61年）

東洋V2、長谷川滋躍動

1986（昭和61）年の第68回大会は明石城西、北摂三田、伊川谷北が初出場し、参加は164校を数えた。

ベスト8は加古川西、明石、星陵、須磨（現須磨翔風）、西宮南の公立5校、滝川第二、神戸弘陵、東洋大姫路の私立3校。明石を7―0で下した滝川第二と、旋風を巻き起こした西宮南を延長戦で退けた東洋大姫路が決勝に進んだ。

総力戦となった決勝。東洋大姫路は7―7の延長十回、長谷川滋利（元マリナーズなど）が左前打で出塁してサヨナラのホームを踏んで連覇を達成した。

長谷川は83年、宝殿中（高砂市）が全国制覇した時の優勝投手。監督の梅谷馨は「日本一になるような子はどこか違うものを持っている」と言っていたが、その勝負強さは大したものだった。滝川、滝川第二を率いた吉本宗泰と梅谷が対決した最後の試合でもあった。

（吉岡猛逸）

第68回大会決勝で力投する東洋大姫路の長谷川滋利投手

第69回大会（1987年／昭和62年）

高砂破り、明石が栄冠

1987（昭和62）年の第69回大会から春夏の甲子園大会同様、勝利校の校歌が試合後の球場に流れるようになった。

ベスト8は宝塚西、舞子、武庫荘、高砂、明石、社の公立6校、東洋大姫路と村野工の私立2校。決勝も明石―高砂の公立対決となり、藤本一郎、井上高行が〝投の2本柱〟を形成する明石が4―1で春夏連続の甲子園出場を決めた。3年ぶり6度目の栄冠。

高砂の左腕エース橋本智裕は、全7試合59イニングを1人で投げ抜いた。決勝翌日の8月1日付神戸新聞には肩を落とす高砂ナインの写真とともに、監督の藤井智司の「泣くな。みんなよくやったんだ。みんなに100点、いや150点やりたい」と選手をたたえる言葉が載っている。

第69回大会決勝で高砂を破り、6度目の優勝を果たした明石ナイン

東洋大姫路監督の梅谷馨が今大会を最後に勇退した。甲子園出場は夏が5度、春は3度だった。

（吉岡猛逸）

第70回大会（1988年／昭和63年）

滝川第二、創部5年でV

1988（昭和63）年の第70回記念大会は加古川東が西宮東、滝川、高砂のシード校を連破して29年ぶりにベスト8へ進み、新設された敢闘賞を受けた。決勝は滝川第二が7－4で東洋大姫路を下し、2年前の決勝の雪辱を果たした。創部5年目の初優勝。佐野貴英（元大洋）が主将を務めた滝川第二は全国選手権1回戦で、戦前の第18回大会以来という降雨コールドゲームで高田（岩手）を破り、夏の甲子園大会兵庫勢通算100勝目をマーク。県高野連理事長の釜内和夫は「兵庫の輝かしい伝統に新たな一ページを記した」と祝福した。

第70回大会で初優勝を果たし、歓喜に沸く滝川第二ナイン

第70回大会から勝利校の校歌とともに校旗も掲揚されるようになった。甲子園球場での兵庫大会開会式後の開幕試合を制した姫路東の遊撃手、的場慎は「あこがれの甲子園で校歌を聞けて最高の感激」と取材に答えている。

（吉岡猛逸）

第71回大会（1989年／平成元年）

神戸弘陵、初の頂点

1989（平成元）年の第71回大会は、プロ注目の本荘雅章をエースに擁した関学の18年ぶり8強進出が話題となった。当時の高校球界では珍しい長髪のナインは伸び伸びプレーした。

北播勢の頑張りも目を引いた。社が8強、小野は13年ぶりの16強。三木東も出場12年目で初勝利を挙げ、3回戦は延長十八回の死闘を制した。

神港学園、東洋大姫路、津名、神戸弘陵が準決勝に進み、決勝は25年ぶりの神戸対決に。参加163校監督の最年長、57歳の高木太三朗が率いる創部7年目の神戸弘陵が11－1で神港学園を破り、初優勝を果たした。高木は「選手が元気いっぱいだったので必ずやってくれると思った」と会心の試合を振り返った。

第71回兵庫大会で初優勝し、甲子園に出場した神戸弘陵ナイン

エース前田勝宏は西武に、全国選手権で大会史上8人目の先頭打者本塁打を放った主将の出口幸夫は巨人に入団した。

（吉岡猛逸）

第72回大会（1990年／平成2年）

育英、33年ぶり奪還

1990（平成2）年の第72回大会は豊岡こうのとり球場が会場に加わり、但馬で初めて夏の高校野球の球音が響いた。

16強はノーシード組が8校を占めた。8強は公立が参加6年目の神戸高塚のほか、御影工、加古川西、この年の選抜大会に出た川西緑台、私立は育英、報徳、東洋大姫路、滝川第二の各4校。

決勝は戎信行（元オリックスなど）をエースに擁した育英が打撃戦の末、9―8で東洋大姫路を下した。実に33年ぶりの栄冠。監督の日下篤は「苦しい試合だった。最後まであきらめなかったのが勝因」と選手をたたえた。

第72回大会決勝で力投する育英の戎信行投手

1点差の明暗。その後の両校の歩みは対照的だった。

勝った育英は復活の自信をステップに、3年後の第75回大会で全国制覇を果たす。敗れた東洋大姫路は第74回、75回大会とも初戦で姿を消した。

（吉岡猛逸）

第73回大会（1991年／平成3年）

安達擁し、村野工初V

1991（平成3）年の第73回大会は、140キロ超の速球を誇る大型左腕の2年生エース安達智次郎を擁した村野工が悲願の初優勝を飾った。

ノーシードからの発進だったが、3回戦で神戸弘陵を1－0で退け、勢いに乗った。安達は後に「誰も甲子園に行くとは思っていなかったでしょう」と回想する。同級生の黒田哲史（元西武など）とともに、翌春の選抜大会にも出場した。

21（大正10）年創部の古豪だが、甲子園出場は78年春の選抜大会が初めて。計3度の聖地で、まだ白星は挙げられていない。

安達は松井秀喜（元ヤンキースなど）の外れ1位で阪神に入団。けがなどもあって1軍出場はなく、99年限りで現役を退いた。打撃投手を経て神戸市内で飲食店を経営していた2016年、内臓疾患のため亡くなった。41歳の若さだった。

（大原篤也）

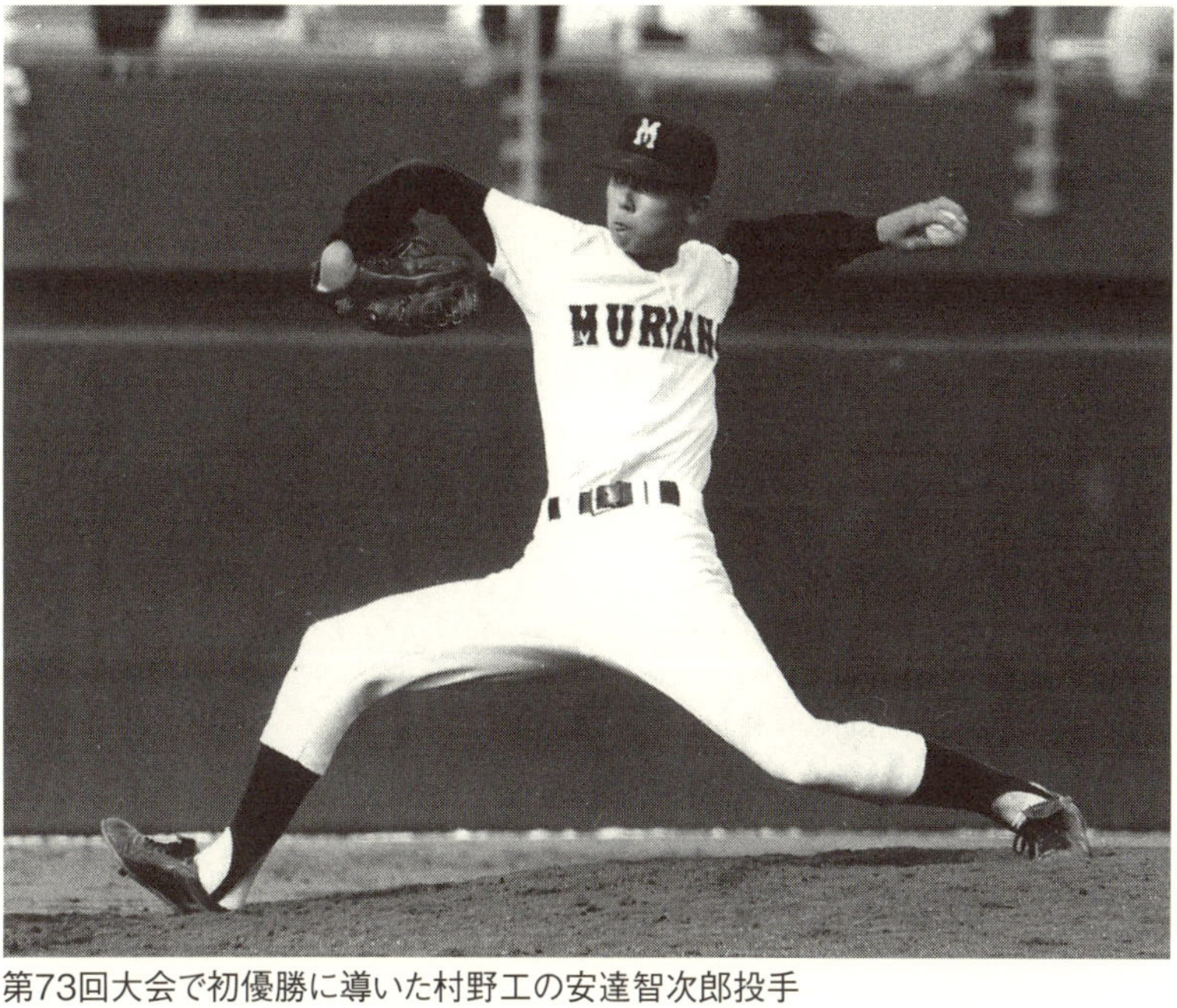

第73回大会で初優勝に導いた村野工の安達智次郎投手

第74回大会（1992年／平成4年）

神港学園、大願成就

直近4年間で3度目の決勝進出。１９９２（平成4）年の第74回大会で神港学園がとうとう大願を成就させた。準決勝で選抜8強の育英を撃破すると、決勝では春の県大会覇者・滝川第二を退けた。前年準優勝の悔しさを知るエース井上立暁を中心に、旧私神港時代の82年から指揮を執る北原光広監督が執念を見せた。

好投手として注目された岡山・倉敷商高時代、暴投でサヨナラ負けした苦い経験から一つ一つのプレーにこだわってきた北原監督。「この一球」を座右の銘とし、阪神・淡路大震災の影響で開催が危ぶまれた95年の選抜大会で8強に進むなど、春夏計8度の甲子園で8勝を挙げた。

指揮官は２０１７年度限りで退任。選手時代に父子で甲子園に出場し、コーチ、部長としてチームを支えてきた長男直也にタクトを託した。

（大原篤也）

第74回大会で初優勝を飾り、胴上げされる神港学園の北原光広監督

第75回大会（1993年／平成5年）

育英、悲願の全国制覇

前年秋の兵庫県大会は公立勢が4強を独占。春の兵庫県、近畿大会は姫路工が初優勝した。迎えた1993（平成5）年の第75回兵庫大会。初の決勝に進んだ姫路工を相手に、前年の選抜大会8強メンバーが残る育英が私学の意地を見せた。

息詰まる投手戦となった大一番。後に近鉄などで186 5安打を放った育英・大村直之が「足」で攻めた。両校無得点で迎えた八回、先頭打者で二塁打を放った大村を犠打で三塁に進め、渡辺順之の二ゴロの間に決勝点を奪った。直前のスクイズ失敗も素早く帰塁し、強い打球の内野ゴロで迷わず本塁を突いた大村のセンスが3年ぶり5度目の栄冠を引き寄せた。

甲子園では今も残る30犠打の大会最多記録をマークするなど機動力を駆使し、兵庫勢としては12年ぶりの頂点に立った育英。当時の主将、安田聖寛が2012年から母校を率いる。

（大原篤也）

第75回大会決勝、8回、内野ゴロの間に生還する育英の大村直之

第76回大会（1994年／平成6年）

姫路工台頭、公立の雄に

公立の雄として台頭した姫路工は「旬」を迎えていた。前年の兵庫県大会は春優勝、夏準優勝、秋準優勝。秋の近畿大会では4強入りし、甲子園初出場となった1994（平成6）年の選抜大会でベスト8に進んだ。

同年春の県大会は3位に入り、近畿大会で4強進出。優勝候補の筆頭格として挑んだ第76回兵庫大会は初戦の2回戦こそ川西北陵に3―2で九回逆転サヨナラ勝ちと薄氷を踏む思いだったが、尻上がりに調子を上げて決勝へ。大会史上初の姫路決戦となった飾磨との戦いは2―0で制した。

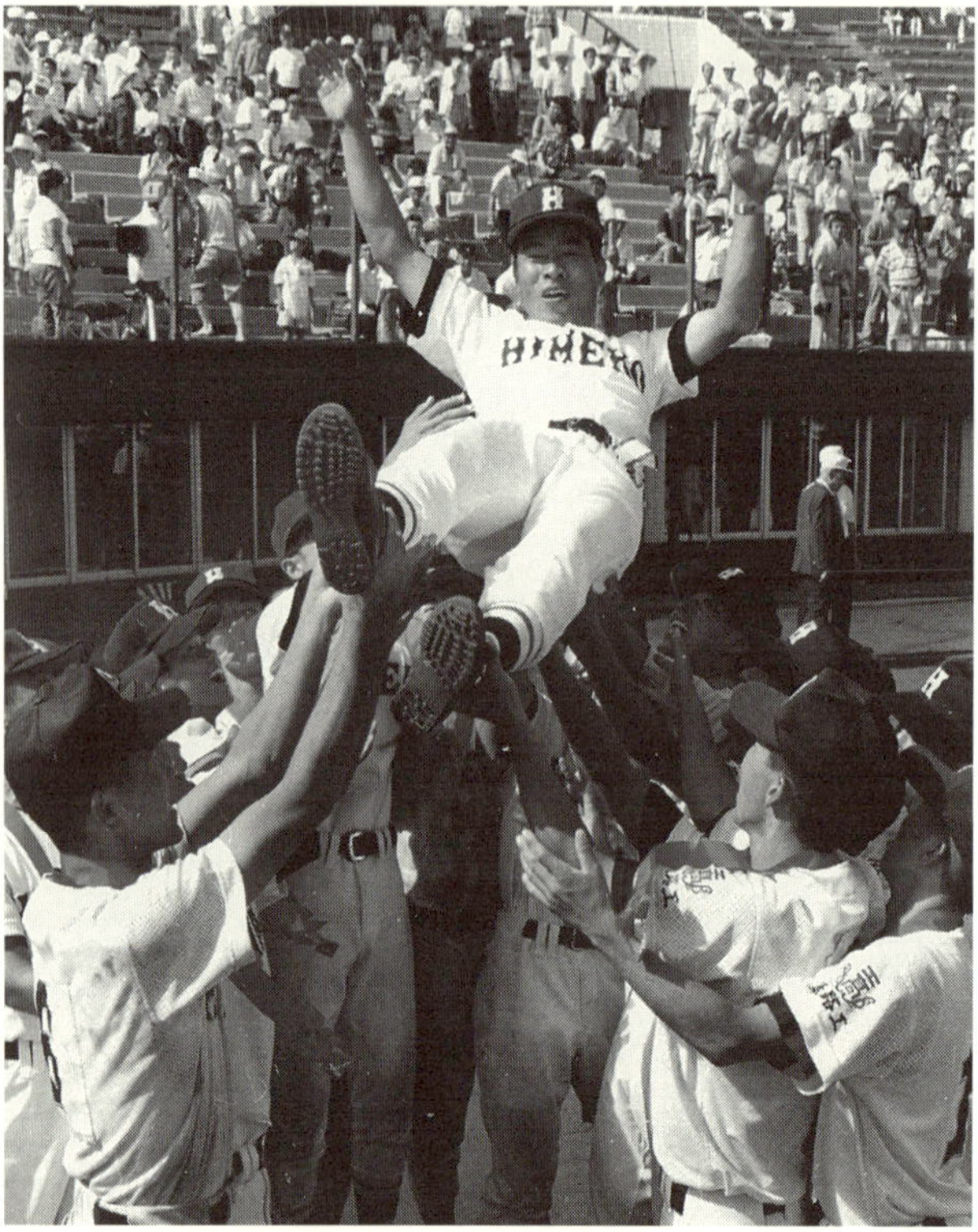

第76回大会で初優勝を果たし、福井薫監督を胴上げする姫路工ナイン

創部47年目での悲願達成。「選手が最後に甲子園で成長した力を発揮してくれた」と目を細めた監督の福井薫は溶接科教諭で、当時46歳だった。

神戸勢の連続優勝を6でストップさせ、公立としては7年ぶりの栄冠。16強のうち10校を占めるなど公立勢が躍進した。

（大原篤也）

震災乗り越え、尼崎北制す

1995（平成7）年1月17日に発生した阪神・淡路大震災は、被災地の球児たちにも大きな影響をもたらした。ただ、一時は開催が危ぶまれた選抜大会は神港学園、育英、報徳の3校がそろって初戦を突破し、地元に明るい話題を提供した。

春の兵庫県大会は選抜出場全3校を直接対決で破った村野工が初優勝。迎えた第77回兵庫大会では初めて、グリーンスタジアム神戸（現ほっともっとフィールド神戸）での試合が組まれた。

村野工と選抜出場3校が準決勝までに姿を消す中、決勝は春の県大会4強の尼崎北とノーシード神戸弘陵の対戦に。エース越智崇を中心にチーム一丸となった尼崎北が群雄割拠の大会を制した。

選抜大会は4度の出場歴を誇るが、夏の甲子園は創部45年目で初めて。母校を率いた31歳の植田茂樹は「ありがとうと言いたい」と後輩たちに感謝した。

（大原篤也）

第77回大会決勝を制し、夏の甲子園初出場を決め、大喜びする尼崎北ナイン

第78回大会（1996年／平成8年）

神港学園、神戸対決制す

私学が4強を独占した1996（平成8）年の第78回兵庫大会。春は県大会東神戸地区大会初戦で敗れたノーシードの神港学園が4年ぶり2度目の王座に返り咲いた。

3回戦で春季県大会覇者の津名を3—1で退けると、4回戦は県尼崎に1—0の辛勝。苦戦を良薬に、準々決勝からは3試合連続2桁得点と波に乗った。ノーシードの神戸対決となった決勝は、育英に15—3で大勝した。

左腕エース岡本賢之を中心とした守りは全7試合合計で6失点、5失策と抜群の安定感。北原光広監督の長男直也（現監督）が捕手を務め、主軸を担った藤原通は立命大を経て阪神に入団した。

春の県大会4強で優勝候補の一角に挙げられていた神戸弘陵は3回戦で敗退。エース山井大介は後に中日入りし、2013年にノーヒットノーランを達成したほか、40歳になった2018年も完封勝利を挙げた。

（大原篤也）

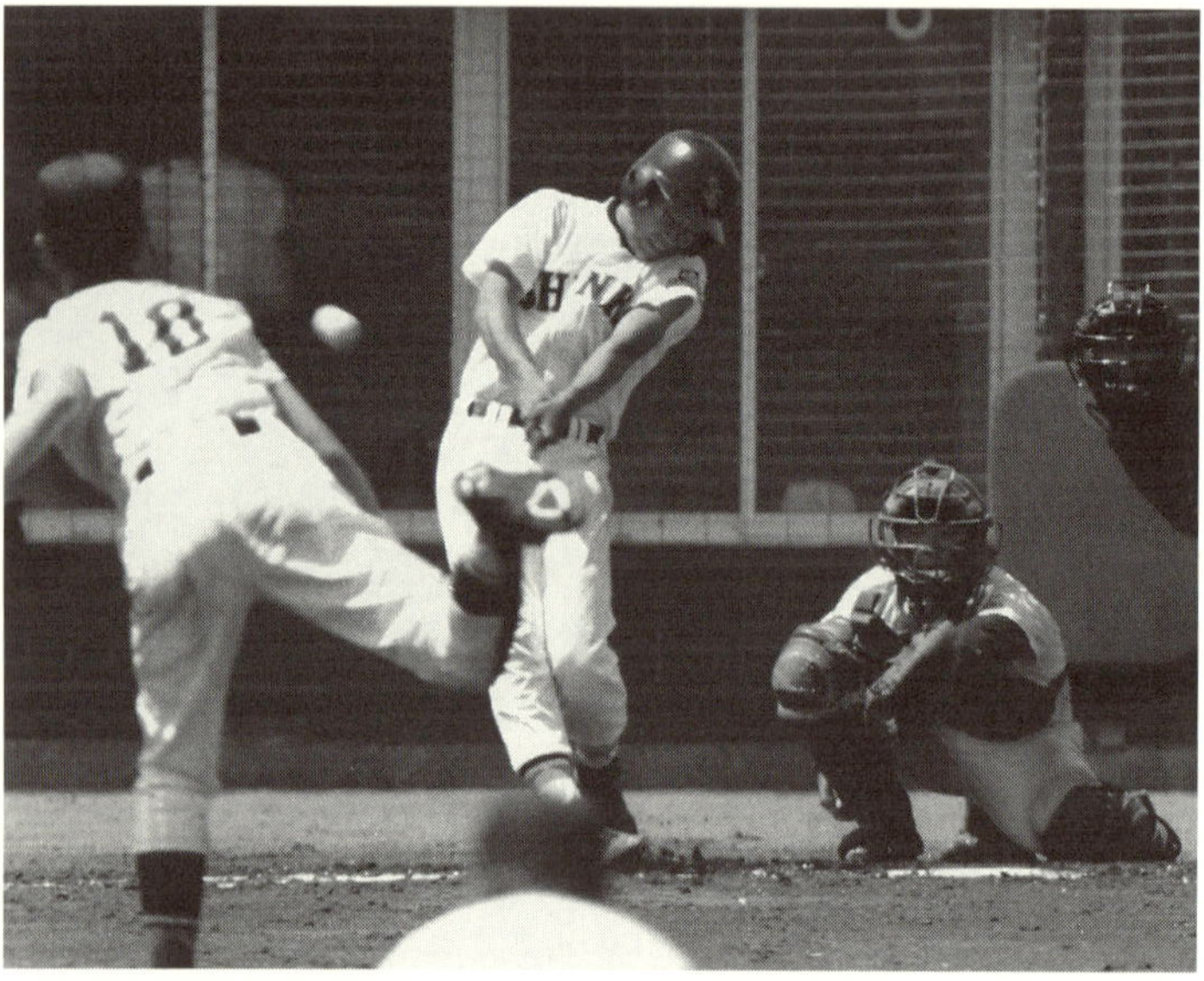

第78回大会決勝で神港学園が育英との神戸対決を制す

第79回大会（1997年／平成9年）

報徳、劇的サヨナラV弾

1997（平成9）年の第79回大会決勝は劇的なサヨナラ本塁打で決着がついた。前年夏の優勝校・神港学園と同年春の選抜大会4強の報徳が激突。二回までに4点を先行した報徳を神港学園が猛追し、八回表に逆転。粘る報徳は八回裏に追い付くと、九回、4番中原直樹のバックスクリーンへの3ランで激闘に終止符を打った。

81年の全国優勝以降、夏の甲子園から遠ざかっていた名門報徳は同年以来、16年ぶりの兵庫大会制覇だった。就任4年目で監督として初めて夏の全国切符を手にした永田裕治監督はサヨナラ本塁打の瞬間、「手の震えが止まらなかった」と言う。

報徳は選抜大会で1試合18奪三振を記録した左腕前田智章、後にオリックス入りした肥田高志らタレントがそろい、敗れた神港学園も3番米川将義が7試合で計15安打、5割7分7厘の高打率を残した。

（松本大輔）

第79回大会決勝、劇的なサヨナラ本塁打で優勝を決め、喜びを爆発させる報徳ナイン

第80回大会（1998年／平成10年）

初の東西分割、両雄輝く

史上初の東西分割開催となった1998（平成10）年の第80回記念大会。東兵庫は報徳、西兵庫は東洋大姫路が頂点に立ち、兵庫の両雄が存在を誇示した。

東洋大姫路は復活を告げる優勝だった。77年に全国制覇を達成しながら、平成以降は春夏ともに甲子園出場なし。不祥事による監督交代もあり、しばらく低迷していたが、97年に就任したOBの藤田明彦監督がわずか1年で名門を再建した。姫路工との「姫路決戦」は同点の九回にスクイズを敢行。伝統の猛練習で鍛え上げられた東洋大姫路らしく執念で決勝点をもぎ取った。

仁川との「西宮決戦」を制した東兵庫の報徳は、前年春の選抜大会から4季連続の甲子園出場。2年生春からベンチ入りしていた捕手の大角健二主将は4度とも甲子園の土を踏み、現在は監督として母校を率いる。

（松本大輔）

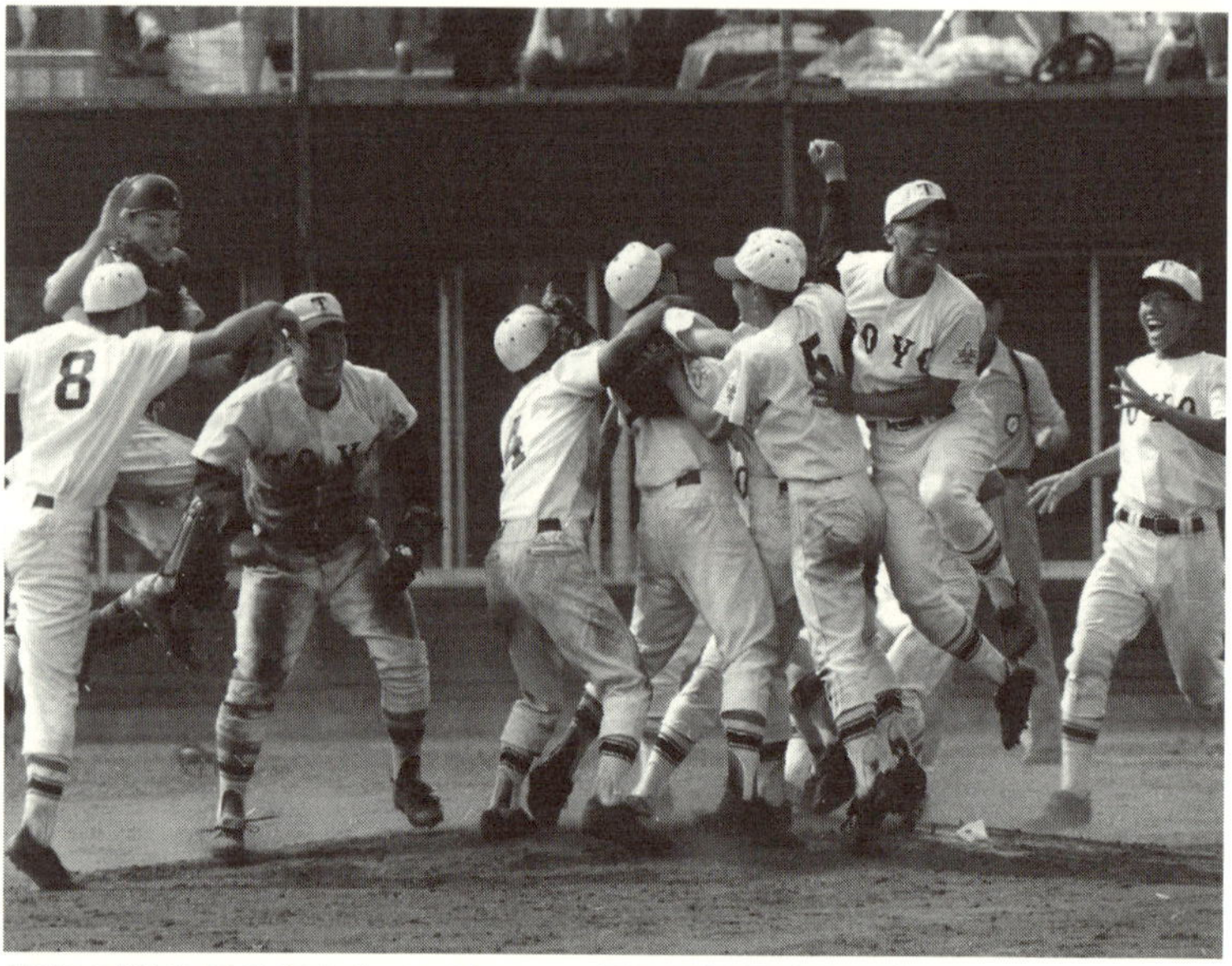

第80回記念西兵庫大会で12年ぶりの夏の甲子園出場を決めた東洋大姫路ナイン

第81回大会（1999年／平成11年）

滝川第二、決勝最多19点

記録に残る圧巻の優勝劇だった。1999（平成11）年の第81回大会は滝川第二が決勝史上最多の19得点。19―0で市川を退け、第53回大会の報徳―山崎の16点差（17―1）を上回り、最多得点差も塗り替えた。

後に中日入りする主砲中村公治、高校日本代表の1番熊崎清龍が中心の打線はスケールが大きく、7試合で計76得点。さらに99年のドラフトで中日から2位指名を受けるエース福沢卓宏は準決勝、決勝を連続完封。無類の投打を誇った。

当時の4番・捕手で現在は専大コーチの吉田鉄平（36）は「福沢のスライダーは高校生には打てない切れだった。負ける気がしなかった」と思い起こす。ただ、優勝候補にも挙げられた甲子園大会は準々決勝で敗退。伝統を受け継ぐ旧制滝川中時代からの悲願は果たせなかった。

（松本大輔）

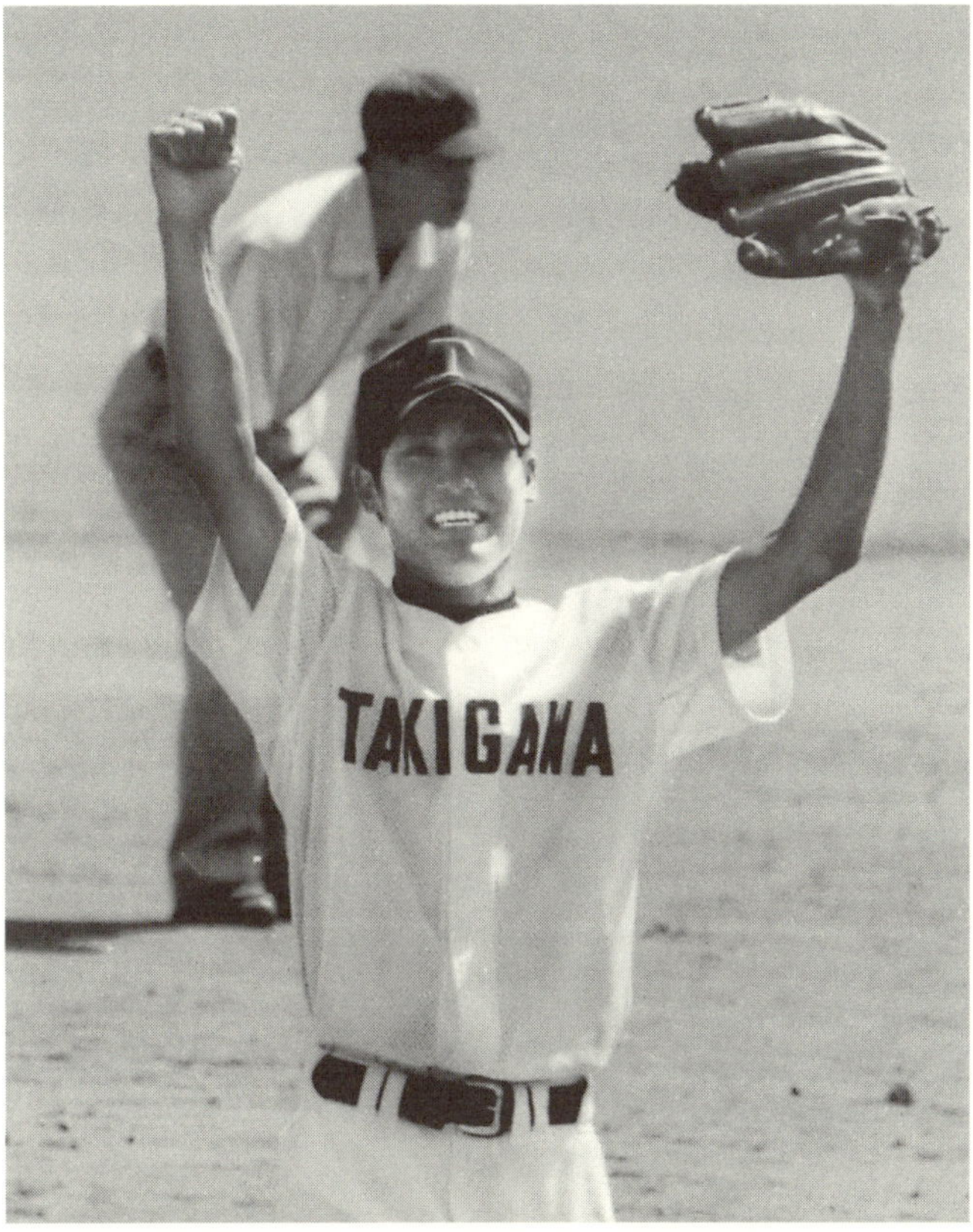

第81回大会決勝で完封した滝川第二のエース福沢卓宏投手

第82回大会（2000年／平成12年）

育英・藤村、就任1年でV

名門校が新たな時代を迎えた。2000（平成12）年の第82回大会を制した育英の監督、藤村雅美はミスタータイガースと称された藤村富美男の次男。三田学園出身で育英OBではない指揮官が、就任1年で歓喜を引き寄せた。

春の選抜大会出場校として臨んだ兵庫大会は圧倒的な強さを見せた。準決勝で神戸国際大付を9―3で退け、決勝は戦前以来、61年ぶりの優勝を目指した関学に11―0で大勝。後に西武に入団する2年生の3番栗山巧は大会通算打率5割をマークし、大器の片鱗を見せた。

捕手の藤村光司は監督の長男で、祖父の富美男を含めた3世代での甲子園出場が脚光を浴びた。さらに選抜大会に続いて開幕試合を引き当てた上野浩一主将が開会式で選手宣誓。さまざまな話題を集め、20世紀最後の夏の甲子園を盛り上げた。（松本大輔）

第82回大会決勝で関学を下し、夏の甲子園出場を決めた育英の藤村雅美監督

第83回大会（2001年／平成13年）

東洋大姫路、アン躍動

異色の左腕は彗星のように現れた。東洋大姫路が3年ぶりの頂点に立った2001（平成13）年の第83回大会は、ベトナム難民の両親を持つグエン・トラン・フォク・アンが快投。入学間もない1年生が甲子園へけん引した。

3回戦の市神港戦で公式戦初先発し、七回途中まで零封。小気味のいい投球と切れのある直球を武器に、エース畑山侑作との継投で進撃を支えた。後にドラフト1位で巨人入りする好右腕、真田裕貴を擁した姫路工との決勝でも先発。兵庫大会6試合3失点で優勝の原動力となった。

アンの両親はベトナム出身のボートピープル。難民として日本に入国後、アンは誕生した。社会性に富む生い立ちと当時の高校野球界では珍しかったカタカナの名前。甲子園大会でも脚光を浴び、ベスト16まで勝ち上がった。

（松本大輔）

第83回大会で鮮烈にデビューした東洋大姫路の1年生、グエン・トラン・フォク・アン投手

第84回大会（2002年／平成14年）

報徳3冠、「平成最強」

平成以降では「兵庫最強」の呼び声が高い。2002（平成14）年の第84回大会で優勝した報徳。新チーム結成から県内公式戦は21戦無敗を誇り、史上2校目の秋春夏の県大会3冠を達成。秋の明治神宮大会、春の選抜大会を制し、全国でも指折りのチームだった。

1番尾崎匡哉はドラフト1位で日本ハム入りし、3番松下亨平は兵庫大会で8打席連続安打の離れ業。全試合完投で選抜優勝に導いたエース大谷智久は夏も仁王立ちし、坂口智隆（現ヤクルト）を擁した神戸国際大付との決勝は5安打で完封した。

第84回大会でチームを春夏連続の甲子園に導いた報徳の大谷智久投手

現在、ロッテ中継ぎ陣の一角を担う大谷。絶対的な王者だった高校時代を振り返り「勝たなくてはいけないというプレッシャーの中で投げていた」と明かす。優勝を決めて歓喜に沸くナインの陰で、独り安堵の涙を流したエースの姿がファンの心を打った。

（松本大輔）

第85回大会（2003年／平成15年）

巧者神港学園、アン砕く

1年生夏に鮮烈にデビューした東洋大姫路の左腕、グエン・トラン・フォク・アン。3年生になった2003（平成15）年は選抜大会で4強に進出し、名実ともに大黒柱にのし上がった。同年夏の第85回大会で主役に立ちはだかったのが、試合巧者の神港学園だった。

大会序盤からコールドゲームがなく、接戦を勝ち抜いた。滝川第二との準決勝は延長十五回、3時間26分の激闘を制した。東洋大姫路との決勝も1―1で延長に持ち込んだ末、十回、準決勝で決勝打を放った福本明良が再び左翼へ決勝アーチ。3度目の甲子園出場を目指したアンの夢を打ち砕いた。

神港学園が記録した犠打は7試合で計37個。名将・北原光広のベンチワークがさえ、史上最多170校が参加した大会の頂点に輝いた。

（松本大輔）

第85回大会決勝で勝ち越し本塁打を放つ神港学園の福本明良

第86回大会（2004年／平成16年）

北播の雄・社、無念の4強

2004（平成16）年の第86回大会は北播の雄・社が初優勝の期待を集めた。大前佑輔、坪井俊樹（元ロッテ）の左腕2人を柱に、同年の選抜大会は初出場で4強。夏も本命視されたが、待っていたのは悲劇的な結末だった。

準決勝で同じ公立の市尼崎と激突した。社が終盤に追い付き、試合は延長戦へ。2―2の十五回裏、1死満塁のピンチで社は勝負に出る。空振り三振を奪った直後、捕手が離塁が大きい三塁走者を牽制。併殺を狙った送球は三塁手のグラブに収まらず三走が生還。引き分け再試合目前、無情のサヨナラ負けだった。

「（牽制は）ベンチのサインでした」。現在、同校校長を務める当時の監督、森脇忠之（60）はそう明かす。2年前の02年も準決勝敗退。「決勝への意識が焦りになったのか。私が腰を落ち着けていれば…。今でも悔いが残る」

市尼崎は決勝で敗れ、左腕片山博視（元楽天）を擁した報徳が優勝した。

（松本大輔）

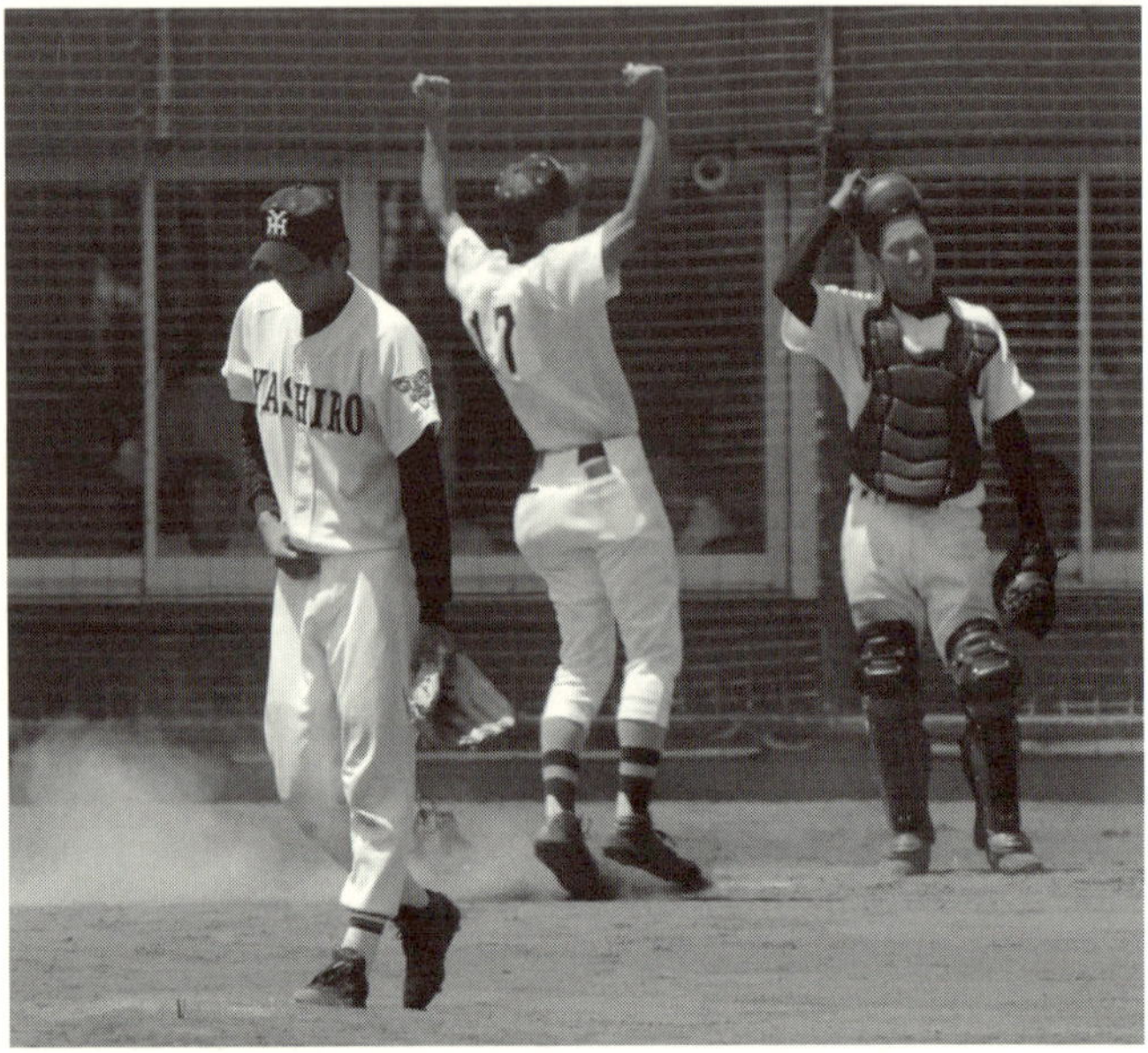

第86回大会準決勝で延長15回サヨナラ負けを喫し、肩を落とす社の大前佑輔投手（左）

第87回大会（2005年／平成17年）

私学を連破、姫路工が奪取

公立勢の覇権奪取は1995年の尼崎北以来、10年ぶり。2005（平成17）年の第87回大会は姫路工がノーシードから頂点に駆け上がった。

2回戦で神港学園、5回戦で滝川第二と私学を連破し、決勝の相手も同年の選抜大会4強の神戸国際大付。大西正樹（元ソフトバンク）、有元一真の二枚看板に対し、姫路工は右横手の畑井宏之が1回戦からほぼ1人で投げてきた。8連投となった決勝も生命線の制球は乱れず、精密な投球で三回以降を無失点。3－2で振り切り、私学の牙城を切り崩した。

畑井は休養日を挟み、5日間で4試合を戦う5回戦以降の日程を想定し、練習から2日連続の投げ込みを繰り返したという。卒業後、軟式野球の強豪グローリー（姫路市）に進み、30歳の今も現役を続ける畑井は振り返る。「誰にも言ってなかったが、日ごろから夏の決勝をイメージして練習していました」

（松本大輔）

第87回大会で11年ぶりの優勝を決め、マウンドに駆け寄って喜ぶ姫路工ナイン

第88回大会（2006年／平成18年）

東洋大姫路、起死回生V

「夏の東洋」が劇的に雪辱を果たした。2006（平成18）年の第88回大会決勝は東洋大姫路が神港学園に九回逆転サヨナラ勝ち。03年の決勝で延長の末、神港学園に屈した名門が11度目の歓喜に浸った。

47年ぶりの4強入りで話題を集めた加古川東を準決勝で退け、決勝に進んだ神港学園は選抜大会8強の実力校。東洋大姫路は四回に3点差を追い付かれ、六回に勝ち越しを許す苦しい展開だったが、九回、3番林崎遼が起死回生の同点打。さらに5番柏原大輝がサヨナラ打を放ち、5—4で逆転劇を完結させた。

夏の甲子園でも躍進を遂げ、20年ぶりに準々決勝進出。田中将大（現ヤンキース）を擁した駒大苫小牧（南北海道）と激闘を演じ、聖地を沸かせた。エース乾真大は東洋大を経て日本ハム入り。主砲林崎も同大学から西武に入団した。

（松本大輔）

第88回大会決勝、劇的な逆転サヨナラ勝ちを決める東洋大姫路

第89回大会（2007年／平成19年）

王者・報徳、近田がけん引

2002年の選抜大会優勝以降、兵庫高校球界の中心に君臨し続けた王者・報徳。07（平成19）年の第89回大会も初優勝を狙った神戸国際大付の挑戦を退け、県内単独トップとなる12度目の栄冠に輝いた。

02年の大谷智久（現ロッテ）、04年の片山博視（元楽天）ら、絶対的なエースの存在が報徳の特徴。07年は2年生左腕、近田怜王（元ソフトバンク）がチームの象徴だった。1年生の春に公式戦デビューし、秋の近畿大会では大阪桐蔭のスラッガー中田翔（現日本ハム）に真っ向勝負を挑み、一躍注目を集めた。

第89回兵庫大会決勝は一回に3点を奪われたが、粘りを発揮。141球で完投し、春夏連続の甲子園出場に貢献した。翌年の夏も優勝に導き、全国選手権でベスト8に進撃した。（松本大輔）

第89回大会決勝、マウンドで笑顔を見せる報徳の近田怜王投手（中央）

第90回大会（2008年／平成20年）

加古川北、無名校の進撃

2008（平成20）年の第90回記念大会は10年に1度の東西分割大会。東兵庫は伝統校の報徳が、エース近田怜王（元ソフトバンク）を擁して頂点に立った一方、西兵庫は公立の加古川北が初優勝。春夏通じて初の甲子園切符をつかみ、旋風を巻き起こした。

同年選抜大会4強の優勝候補筆頭、東洋大姫路が初戦で姿を消し、波乱が幕を開けた。東洋大姫路を破った北条は、準々決勝で春季県大会優勝校の社も撃破。その北条を準決勝で完封したのが、無名の加古川北だった。古豪洲本との決勝でも前評判をひっくり返し、一気に頂点に駆け上がった。

福村順一監督（現東播磨監督）の下、頭角を現した加古川北は3年後の選抜大会に出場して8強入り。初優勝の立役者だった2年生エース岩崎誠司は天理大を経て現在、神戸甲北で監督を務めている。

（山本哲志）

第90回西兵庫大会で初優勝を決め、喜ぶ加古川北ナイン

第91回大会（2009年／平成21年）

関学、70年ぶりの夏

70年ぶりの出場は夏の甲子園史上最長ブランク。2009（平成21）年の第91回大会は関学が戦前の1939年以来となる頂点に返り咲いた。

決勝の育英戦は、広岡正信監督の勝負手がはまった。正捕手ながら抑え役に指名した山崎裕貴を六回から投入。0―1の七回裏に代打永井大希が決死のスリーバントスクイズ。「まだ同点なのに勝ったような雰囲気だった」と広岡監督は球場を埋めた大声援に感謝する。屈指の左腕堀田健吾と強打の井村展章のバッテリーを擁する育英優位の下馬評を勢いで覆した。

甲子園でも70年ぶりに1勝を挙げた関学は、続く中京大中京（愛知）戦も九回に追い付く粘りを見せたが、その裏に山崎がサヨナラ弾を浴びた。決勝に進んだ中京大中京は九回2死走者なしからの日本文理（新潟）の球史に残る猛追を振り切り全国制覇した。

（山本哲志）

第91回大会決勝、70年ぶりの夏の甲子園出場を決め、歓喜の表情を見せる関学の山崎裕貴投手

第92回大会（2010年／平成22年）

報徳、県内最多14度目V

秋の近畿王者、神戸国際大付と神港学園のセンバツ出場2校に、春の近畿を制した報徳。2010（平成22）年の第92回大会は市川を含めた私学が4強を占めた。決勝は、3度目の進出で悲願達成を狙う市川を報徳が完封、県内最多の優勝回数を14に伸ばした。

主役は1年生右腕の田村伊知郎（現西武）。準々決勝では6回をパーフェクトに抑え、準決勝は強打の神戸国際大付を封じた。甲子園でもエース大西一成とともに4強入りに貢献。春夏連覇を果たした興南（沖縄）を追い詰め、「スーパー1年生」と騒がれた。

他校にも実力派がひしめいた。投手は神戸国際大付の岡本健（現ソフトバンク）、北須磨を16強に導いた2年生桜井俊貴（現巨人）。打者では高校通算94本塁打の神港学園・伊藤諒介が注目された。村野工の好打者、野間峻祥は後にドラフト1位で広島入りした。

（山本哲志）

第92回大会で1年生ながらエース格の働きを見せた報徳の田村伊知郎投手

第93回大会（2011年／平成23年）

史上初の決勝再試合に

兵庫球史に残る名勝負が繰り広げられた。2011（平成23）年の第93回大会決勝の東洋大姫路―加古川北は、延長十五回2―2で両者譲らず、史上初の決勝引き分け再試合にもつれ込んだ。東洋大姫路が翌日の再試合を6―0で制し、計4時間40分に及ぶ死闘に決着をつけた。

2日間とも東洋大姫路の原樹理（現ヤクルト）と加古川北の井上真伊人の両エースが完投。原は16三振すべてを直球で奪った前日から一転、再試合では打たせて取る投球で2安打完封。極度の疲労の中、緩急を自在に操る相手投手の井上を手本に87球の省エネ投球だった。5年ぶりに復帰した藤田明彦監督と鉄腕エースで「夏の東洋」が再び歴史に名を刻んだ。

1回戦では姫路工が史上最多得点の71―0で氷上西を下すなど、記憶にも記録にも残る大会となった。

（山本哲志）

第93回大会決勝、東洋大姫路ー加古川北は延長15回2ー2で譲らず、引き分け再試合となった

第94回大会（2012年／平成24年）

滝川第二、13年ぶり制覇

2012（平成24）年の第94回大会決勝は、神戸国際大付や社、前年秋の県大会覇者・報徳と強豪を連破した滝川第二と、2年連続で進出した公立の新鋭・加古川北が激突した。

機動力と小技でせめぎ合ったが、右腕の佐藤智貴を中心に守りで上回った滝川第二が6―2で制し、13年ぶりの優勝。滝川OBの渋谷卓弥監督（現同大監督）が就任2年目で甲子園に導いた。前年はサッカー部が全国制覇。主将の沢田昌吾主将は優勝メダルを手に「滝二はサッカーだけじゃないぞ」と絶叫した。

一方、前年再試合の末に決勝で涙をのんだ加古川北は2年連続の準優勝に終わった。全160試合の3分の1（53試合）が1点差ゲームで、4回戦以降のコールドゲームは一つのみ。各校の力が拮抗《きっこう》した大会だった。

（山本哲志）

第94回大会決勝で加古川北を破り、
13年ぶりの優勝を決めて喜ぶ滝川第二ナイン

第95回大会（2013年／平成25年）

北播勢初、西脇工が歓喜

「駅伝名門校」の球児が春夏を通じて初の甲子園出場を遂げた。2013（平成25）年の第95回大会は、西脇工がエースで4番の翁田《おうた》勝基を柱に驚異的な粘りで強豪を連破し、北播勢初の優勝旗を手にした。

東洋大姫路との決勝は、2―2の九回2死満塁から今井哲也の打球が右翼手の前にポトリ。延長十四回に及んだ3回戦の淡路三原戦、準々決勝の明石商戦に続く、大会3度目のサヨナラ勝ちで甲子園を決めた。

前年まで夏8強が最高成績の公立校の快進撃。監督の木谷忠弘は「無欲の優勝」と振り返る。接戦を勝ち上がる度に勢いづく一方、「負けることへの怖さはなかった」という。決勝の朝も驚くほど落ち着いていたというナインは、甲子園でも伸び伸びプレー。兵庫の公立校では明石以来、29年ぶりの夏1勝を挙げた。

（山本哲志）

第95回大会で初の甲子園に導いた西脇工のエース翁田勝基投手

第96回大会（2014年／平成26年）

神戸国際大付、宿願果たす

2014（平成26）年の第96回大会は、神戸国際大付が宿願を果たした。春は3度の選抜大会出場を誇り、05年には甲子園4強も経験した強豪が、ついに「夏の壁」を破った。

毎年のように優勝候補の一角に挙げられ、プロ選手を数多く輩出しながらも、兵庫大会は決勝で3度の敗退。だが、同校主将、西俊洋の選手宣誓で幕を開けた大会は、両膝手術など度重なるけがを乗り越えたエース黒田達也の好投に、切れ目のない打線が呼応。決勝では初進出の新鋭三田松聖を11―1の大差で退けるなど7試合すべてで先制し、3点差以上をつけて勝ち切った。

1991年秋から母校を率いる監督の青木尚龍は「いつも誰かがけがをしていたり、長丁場のどこかで痛めたり。この年は逆に黒田が戻って万全の状態で戦えたのが大きかった」と回想する。（山本哲志）

第96回大会で夏の甲子園初出場を決め、笑顔の神戸国際大付ナイン

100年の節目、滝川第二制す

1915年の第1回大会から1世紀。100年の節目を迎えた2015（平成27）年の第97回大会は、滝川第二が3年ぶり4度目の頂点へ上り詰めた。08年の東西分割大会を除くと、ノーシードからの優勝は05年の姫路工以来。2年生友井寛人の安定した投球と勝負強い打線が光り、俊足の1番根来祥太が8盗塁を記録した。

準優勝の明石商は創部初の決勝進出だった。最後は滝川第二に2―8で敗れて力尽きたが、準決勝では前年夏から県内無敗を誇った神戸国際大付を延長十一回の末にサヨナラで下すなど、公立の雄の地位を確かにした。

この年の春の選抜大会は33年ぶりに兵庫勢が1校も出場できなかった。地元ファンの期待を集めた滝川第二は全国選手権1回戦でサヨナラ勝ちしたが、2回戦で準優勝の仙台育英に敗れた。

（山本哲志）

創設100年を迎えた第97回の夏の甲子園大会で入場行進する滝川第二ナイン

第98回大会（2016年／平成28年）

市尼崎、涙の33年ぶりV

公立校同士の決勝は8年ぶり。2016（平成28）年の第98回大会は、市尼崎が選抜大会ベスト8の明石商を3—2で破り、池山隆寛（元ヤクルト）を擁して初優勝した第65回以来、33年ぶりに王座を奪回した。

右腕平林弘人が大車輪の活躍を見せた。4回戦で選抜大会出場の長田・園田涼輔に投げ勝ち、引き分け再試合となった5回戦の西宮今津戦、3連投で完封した準々決勝の報徳戦など7試合57イニングの熱投。00年の監督就任から17年越しで悲願達成した元プロ投手の竹本修は「ここまで長かった…」と男泣きした。甲子園では前田大輝主将が選手宣誓し、尼崎市制100周年に花を添えた。

エース吉高壮を擁して2年連続準優勝の明石商は、02年の報徳以来となる秋春夏の県大会3冠を目前に涙をのんだ。（山本哲志）

第98回大会で33年ぶりの栄冠に輝いた市尼崎ナイン

第99回大会（2017年／平成29年）

神戸国際大付、春夏連続

強豪校が階段をまた一歩上がった。2017（平成29）年の第99回大会は、神戸国際大付が3年ぶり2度目の優勝。激戦区・兵庫で10年ぶりの春夏連続甲子園出場を果たした。

エース岡野佑大―猪田和希の強力バッテリーを軸に7試合で3失点と盤石だった。選抜大会4強後に永田裕治前監督からタクトを継いだ大角健二監督率いる報徳との準決勝では、1―1の六回に猪田が決勝ソロ。下級生主体ながら3年続けて勝ち上がった明石商との決勝も、一回に猪田が先制弾を放ち、岡野が3安打で完封した。明石商の3年連続準優勝は1951～53年の育英以来。

神戸国際大付は、同校生徒が考案した第99回全国選手権のキャッチフレーズ「じぶん史上、最高の

第99回大会決勝で明石商を下し、春夏連続の甲子園出場を決めた神戸国際大付ナイン

夏」の通り、夏の甲子園初勝利も挙げた。

（山本哲志）

第100回東兵庫大会（2018年／平成30年）

名門報徳、記念大会V3

100回の節目に名門が新たな歴史を打ち立てた。2018（平成30）年の第100回大会は、春夏3度の甲子園大会優勝を誇る報徳が東兵庫大会を制覇。8年ぶりに夏の聖地への切符をつかみ、県内最多の優勝回数を「15」に塗り替えた。

前年秋の県大会は3回戦止まり、春の県大会も初戦で滝川第二に屈し、10年ぶりに夏の第1シードを逃した。逆境からの戦いだったが、高校日本代表の好打者、小園海斗を看板に進撃し、4回戦で滝川第二に雪辱。準決勝では前年覇者の神戸国際大付に競り勝ち、覇権を大きくたぐり寄せた。

1998年の第80回、08年の第90回に続いて記念大会3連覇を達成。名将・永田裕治前監督から引き継ぎ、就任2年目で甲子園に導いた大角健二監督（38）は「優勝は夢や目標ではなく使命だった」と伝統校を率いる重圧を口にした。

（松本大輔）

8年ぶり15度目の優勝を決め、マウンド上で歓喜の輪をつくる報徳ナイン

第100回西兵庫大会（2018年／平成30年）

明石商、4度目の正直

2018（平成30）年の第100回大会の西兵庫大会は明石商が初優勝を飾った。前年まで3年連続決勝進出を果たしながらいずれも準優勝。「4度目の正直」となった東西分割の記念大会で、ついに壁を破った。

前年秋、同年春の県大会で頂点に立ち、前評判は優勝候補の最右翼。社、西脇工、三田松聖などライバル視されたチームも準々決勝までに敗退し、悠々と頂点に立つかと思われたが、準決勝で崖っぷちに追い込まれた。

ノーシードから創部初の4強に勝ち上がった小野に九回まで0―3。だが、秋春の覇者は簡単には諦めなかった。底力で振り出しに戻し、延長十回にサヨナラ勝ちを決めた。

夏の甲子園初出場を決め、喜びに沸く明石商ナイン

決勝も姫路工に逆転勝ちし、新チーム結成から県内公式戦22連勝。秋春の県大会を制したチームの夏の甲子園出場は、1956年の県尼崎、2002年の報徳に続く史上3度目の快挙だった。（松本大輔）

全国高等学校野球選手権
兵庫大会決勝　歴代のスコア

太字は全国大会優勝校

年（年号）	大会	代表校	試合結果	
1915（大正4年）	第1回	神戸二中	3 — 2	関学中
1916（大正5年）	第2回	関学中	16 — 2	神戸商
1917（大正6年）	第3回	関学中	14 — 4	御影師範
1918（大正7年）	第4回	関学中	3 — 2	神戸商
1919（大正8年）	第5回	**神戸一中**	8 — 3	神戸商
1920（大正9年）	第6回	**関学中**	8 — 2	神港商
1921（大正10年）	第7回	神戸一中	2 — 1	甲陽中
1922（大正11年）	第8回	神戸商	1 — 0	神港商
1923（大正12年）	第9回	**甲陽中**	4 — 3	姫路中
1924（大正13年）	第10回	第一神港商	12 — 0	甲陽中
1925（大正14年）	第11回	第一神港商	10 — 1	神戸二中
1926（昭和元年）	第12回	第一神港商	2 — 1	関学中
1927（昭和2年）	第13回	第一神港商	8 — 3	甲陽中
1928（昭和3年）	第14回	甲陽中	4 — 3	神戸二中
1929（昭和4年）	第15回	関学中	7 — 4	神戸一中
1930（昭和5年）	第16回	甲陽中	3 — 0	明石中
1931（昭和6年）	第17回	第一神港商	3 — 0	育英商
1932（昭和7年）	第18回	明石中	3 — 0	甲陽中
1933（昭和8年）	第19回	明石中	3 — 0	育英商
1934（昭和9年）	第20回	神戸一中	2 — 1	明石中
1935（昭和10年）	第21回	育英商	6 — 1	明石中
1936（昭和11年）	第22回	育英商	7 — 1	明石中
1937（昭和12年）	第23回	滝川中	2 — 1	甲陽中
1938（昭和13年）	第24回	甲陽中	4 — 1	滝川中
1939（昭和14年）	第25回	関学中	3 — 0	明石中
1940（昭和15年）	第26回	北神商	3 — 0	甲陽中
1941（昭和16年）	第27回	—	大会中止	—
1946（昭和21年）	第28回	芦屋中	4 — 0	関学中
1947（昭和22年）	第29回	神戸一中	7 — 6	三田中
1948（昭和23年）	第30回	県芦屋	5 — 3	神戸二中
1949（昭和24年）	第31回	県芦屋	9 — 0	県尼崎工
1950（昭和25年）	第32回	明石	6 — 2	兵庫工
1951（昭和26年）	第33回	県芦屋	2 — 0	育英
1952（昭和27年）	第34回	**県芦屋**	8 — 1	育英
1953（昭和28年）	第35回	県芦屋	13 — 3	育英
1954（昭和29年）	第36回	滝川	2 — 0	赤穂
1955（昭和30年）	第37回	市神戸商	4 — 2	明石商
1956（昭和31年）	第38回	県尼崎	2 — 1	洲本
1957（昭和32年）	第39回	育英	2 — 1	県尼崎
1958（昭和33年）	第40回	姫路南	4 — 0	報徳
1959（昭和34年）	第41回	滝川	2 — 0	育英
1960（昭和35年）	第42回	明石	1 — 0	育英
1961（昭和36年）	第43回	報徳	2 — 0	県尼崎
1962（昭和37年）	第44回	滝川	6 — 0	柏原
1963（昭和38年）	第45回	市西宮	6 — 5	姫路南
1964（昭和39年）	第46回	滝川	1 — 0	育英
1965（昭和40年）	第47回	報徳	1 — 0	育英
1966（昭和41年）	第48回	報徳	5 — 2	洲本
1967（昭和42年）	第49回	報徳	4 — 0	三田学園

年（年号）	大会	代表校	試合結果	
1968（昭和43年）	第50回	市神港	1 ― 0	尼崎西
1969（昭和44年）	第51回	東洋大姫路	3 ― 0	尼崎西
1970（昭和45年）	第52回	滝川	9 ― 2	洲本
1971（昭和46年）	第53回	報徳	17 ― 1	山崎
1972（昭和47年）	第54回	東洋大姫路	4 ― 2	市神港
1973（昭和48年）	第55回	東洋大姫路	4 ― 3	滝川
1974（昭和49年）	第56回	東洋大姫路	11 ― 2	加古川西
1975（昭和50年）	第57回	洲本	3 ― 1	津名
1976（昭和51年）	第58回	市神港	6 ― 0	東洋大姫路
1977（昭和52年）	第59回	**東洋大姫路**	3 ― 0	市尼崎
1978（昭和53年）	第60回	報徳	3 ― 2	洲本
1979（昭和54年）	第61回	明石南	1 ― 0	市尼崎
1980（昭和55年）	第62回	滝川	4 ― 2	報徳
1981（昭和56年）	第63回	**報徳**	5 ― 1	東洋大姫路
1982（昭和57年）	第64回	東洋大姫路	10 ― 0	市川
1983（昭和58年）	第65回	市尼崎	8 ― 0	洲本
1984（昭和59年）	第66回	明石	3 ― 2	村野工
1985（昭和60年）	第67回	東洋大姫路	2 ― 1	報徳
1986（昭和61年）	第68回	東洋大姫路	8 ― 7	滝川第二
1987（昭和62年）	第69回	明石	4 ― 1	高砂
1988（昭和63年）	第70回	滝川第二	7 ― 4	東洋大姫路
1989（平成元年）	第71回	神戸弘陵	11 ― 1	神港学園
1990（平成2年）	第72回	育英	9 ― 8	東洋大姫路
1991（平成3年）	第73回	村野工	5 ― 3	神港学園
1992（平成4年）	第74回	神港学園	7 ― 4	滝川第二
1993（平成5年）	第75回	**育英**	1 ― 0	姫路工
1994（平成6年）	第76回	姫路工	2 ― 0	飾磨
1995（平成7年）	第77回	尼崎北	5 ― 2	神戸弘陵
1996（平成8年）	第78回	神港学園	15 ― 3	育英
1997（平成9年）	第79回	報徳	9 ― 6	神港学園
1998（平成10年）	第80回	（東）報徳	18 ― 3	仁川
		（西）東洋大姫路	3 ― 2	姫路工
1999（平成11年）	第81回	滝川第二	19 ― 0	市川
2000（平成12年）	第82回	育英	11 ― 0	関学
2001（平成13年）	第83回	東洋大姫路	4 ― 2	姫路工
2002（平成14年）	第84回	報徳	5 ― 0	神戸国際大付
2003（平成15年）	第85回	神港学園	2 ― 1	東洋大姫路
2004（平成16年）	第86回	報徳	12 ― 8	市尼崎
2005（平成17年）	第87回	姫路工	3 ― 2	神戸国際大付
2006（平成18年）	第88回	東洋大姫路	5 ― 4	神港学園
2007（平成19年）	第89回	報徳	10 ― 6	神戸国際大付
2008（平成20年）	第90回	（東）報徳	2 ― 1	神戸弘陵
		（西）加古川北	5 ― 2	洲本
2009（平成21年）	第91回	関学	4 ― 1	育英
2010（平成22年）	第92回	報徳	4 ― 0	市川
2011（平成23年）	第93回	東洋大姫路	6 ― 0	加古川北
2012（平成24年）	第94回	滝川第二	6 ― 2	加古川北
2013（平成25年）	第95回	西脇工	3 ― 2	東洋大姫路
2014（平成26年）	第96回	神戸国際大付	11 ― 1	三田松聖
2015（平成27年）	第97回	滝川第二	8 ― 2	明石商
2016（平成28年）	第98回	市尼崎	3 ― 2	明石商
2017（平成29年）	第99回	神戸国際大付	4 ― 0	明石商
2018（平成30年）	第100回	（東）報徳	2 ― 0	市尼崎
		（西）明石商	6 ― 3	姫路工

全国高等学校野球選手権大会　兵庫勢の試合結果一覧

○＝勝利　●＝敗退　（網掛け）は全国優勝

年(年号)	大会	代表校	試合結果					
1915 (大正4年)	第1回	神戸二中	準々決勝 ● 0–2 早実					
1916 (大正5年)	第2回	関学中	1回戦 ● 1–2 香川商					
1917 (大正6年)	第3回	関学中	1回戦 ○ 6–3 広島商	準々決勝 ○ 13–2 京都一中	準決勝 ○ 1–0 盛岡中	決勝 ● 0–1 愛知一中		
1918 (大正7年)	第4回	関学中	大会中止					
1919 (大正8年)	第5回	神戸一中	1回戦 ○ 3–1 和歌山中	準々決勝 ○ 3–0 慶応普通	準決勝 ○ 8–0 盛岡中	決勝 ○ 7–4 長野師範		
1920 (大正9年)	第6回	関学中	1回戦 ○ 6–0 松本商	準々決勝 ○ 5–3 愛知一中	準決勝 ○ 14–3 鳥取中	決勝 ○ 17–0 慶応普通		
1921 (大正10年)	第7回	神戸一中	2回戦 ● 0–20 和歌山中					
1922 (大正11年)	第8回	県神戸商	1回戦 ○ 8–3 京城中	準々決勝 ○ 2–0 島根商	準決勝 ○ 2–1 松山商	決勝 ● 4–8 和歌山中		
1923 (大正12年)	第9回	甲陽中	1回戦 ○ 8–2 宇都宮商	2回戦 ○ 3–2 松山商	準々決勝 ○ 6–1 早実	準決勝 ○ 13–5 立命館中	決勝 ○ 5–2 和歌山中	
1924 (大正13年)	第10回	第一神港商	2回戦 ○ 11–5 早実	準々決勝 ● 10–13 広島商				
1925 (大正14年)	第11回	第一神港商	2回戦 ○ 10–4 米子中	準々決勝 ○ 5–1 柳井中	準決勝 ● 3–4 早実			
1926 (昭和元年)	第12回	第一神港商	1回戦 ○ 8–0 熊本商	2回戦 ● 1–6 前橋中				
1927 (昭和2年)	第13回	第一神港商	1回戦 ● 1–8 高松商					
1928 (昭和3年)	第14回	甲陽中	1回戦 ○ 5–4 大連商	2回戦 ○ 4–3 京城中	準々決勝 ● 3–4 平安中			
1929 (昭和4年)	第15回	関学中	2回戦 ● 4–9 広島商					
1930 (昭和5年)	第16回	甲陽中	1回戦 ● 1–8 松山商					
1931 (昭和6年)	第17回	第一神港商	2回戦 ● 0–3 松山商					
1932 (昭和7年)	第18回	明石中	1回戦 ○ 4–0 北海中	2回戦 ○ 1–0 大正中	準々決勝 ○ 3–0 八尾中	準決勝 ● 0–3 松山商		
1933 (昭和8年)	第19回	明石中	1回戦 ○ 6–0 慶応商工	2回戦 ○ 10–0 水戸商	準々決勝 ○ 4–0 横浜商	準決勝 ● 0–1 中京商		
1934 (昭和9年)	第20回	神戸一中	2回戦 ● 0–5 海南中					
1935 (昭和10年)	第21回	育英商	1回戦 ○ 5–4 米子中	2回戦 ○ 11–0 甲府中	準々決勝 ○ 5–0 大分商	準決勝 ○ 4–3 早実	決勝 ● 1–6 松山商	
1936 (昭和11年)	第22回	育英商	1回戦 ○ 2–1 早実	2回戦 ○ 7–5 嘉義農林	準々決勝 ○ 3–1 北海中	準決勝 ● 1–7 岐阜商		
1937 (昭和12年)	第23回	滝川中	2回戦 ○ 13–5 秋田中	準々決勝 ○ 4–2 嘉義中	準決勝 ● 0–6 熊本工			
1938 (昭和13年)	第24回	甲陽中	2回戦 ○ 10–0 山形中	準々決勝 ○ 3–0 鳥取一中	準決勝 ● 1–3 岐阜商			
1939 (昭和14年)	第25回	関学中	1回戦 ○ 22–8 天津商	2回戦 ● 2–4 長野商				
1940 (昭和15年)	第26回	北神商	2回戦 ● 1–2 島田商					
1946 (昭和21年)	第28回	芦屋中	1回戦 ● 2–6 城東中					

年(年号)	大会	代表校	試合結果					
1947 (昭和22年)	第29回	神戸一中	1回戦 ● 3–9 小倉中					
1948 (昭和23年)	第30回	県芦屋	1回戦 ● 4–6 桐蔭					
1949 (昭和24年)	第31回	県芦屋	1回戦 ○ 9–0 瑞陵	2回戦 ○ 6–3 静岡城内	準々決勝 ● 0–5 高松一			
1950 (昭和25年)	第32回	明石	1回戦 ● 2-4 鳴門					
1951 (昭和26年)	第33回	県芦屋	1回戦 ○ 7–2 小倉	2回戦 ○ 5–4 長崎西	準々決勝 ● 2–6 高松一			
1952 (昭和27年)	第34回	県芦屋	1回戦 ○ 12–1 山形南	2回戦 ○ 2–0 新宮	準々決勝 ○ 2–0 柳井商工	準決勝 ○ 3–0 成田	決勝 ○ 4–1 八尾	
1953 (昭和28年)	第35回	県芦屋	2回戦 ● 0–1 御所実					
1954 (昭和29年)	第36回	滝川	1回戦 ● 1–2 米子東					
1955 (昭和30年)	第37回	市神戸商	1回戦 ● 0–1 日大三					
1956 (昭和31年)	第38回	県尼崎	1回戦 ● 0–1 西条					
1957 (昭和32年)	第39回	育英	2回戦 ● 4–5 広島商					
1958 (昭和33年)	第40回	姫路南	1回戦 ○ 2–1 多治見工	2回戦 ○ 4–3 清水東	3回戦 ● 0–1 海南			
1959 (昭和34年)	第41回	滝川	1回戦 ● 0–1 八尾					
1960 (昭和35年)	第42回	明石	1回戦 ○ 4–0 大淀	2回戦 ○ 3–1 戸畑	準々決勝 ● 2–5 鹿島			
1961 (昭和36年)	第43回	報徳	1回戦 ○ 7–6 倉敷工	2回戦 ○ 3–0 松山商	準々決勝 ● 1–9 法政二			
1962 (昭和37年)	第44回	滝川	1回戦 ○ 5–3 佐賀商	2回戦 ● 0–4 中京商				
1963 (昭和38年)	第45回	市西宮	1回戦 ● 1–4 静岡					
1964 (昭和39年)	第46回	滝川	1回戦 ○ 1–0 仙台育英	2回戦 ● 1–4 宮崎商				
1965 (昭和40年)	第47回	報徳	1回戦 ○ 1–0 広陵	2回戦 ○ 2–0 熊谷商工	準々決勝 ● 2–3 三池工			
1966 (昭和41年)	第48回	報徳	1回戦 ○ 8–3 津久見	2回戦 ○ 9–1 竜ケ崎一	準々決勝 ○ 1–0 平安	準決勝 ● 1–2 中京商		
1967 (昭和42年)	第49回	報徳	1回戦 ○ 4–3 大宮	2回戦 ● 0–2 東奥義塾				
1968 (昭和43年)	第50回	市神港	2回戦 ● 2–7 秋田市立					
1969 (昭和44年)	第51回	東洋大姫路	1回戦 ● 1–3 日大一					
1970 (昭和45年)	第52回	滝川	1回戦 ○ 13–10 北海	2回戦 ○ 2–1 岡山東商	準々決勝 ● 6–7 東海大相模			
1971 (昭和46年)	第53回	報徳	1回戦 ○ 7–0 秋田市立	2回戦 ● 3–5 岡山東商				
1972 (昭和47年)	第54回	東洋大姫路	1回戦 ○ 5–3 習志野	2回戦 ● 1–3 高知商				
1973 (昭和48年)	第55回	東洋大姫路	2回戦 ● 2–3 旭川竜谷					
1974 (昭和49年)	第56回	東洋大姫路	2回戦 ○ 5–2 山形南	3回戦 ● 3–4 平安				
1975 (昭和50年)	第57回	洲本	2回戦 ● 0–9 秋田商					
1976 (昭和51年)	第58回	市神港	1回戦 ○ 1–0 岡山東商	2回戦 ○ 7–4 鉾田一	3回戦 ● 2–3 桜美林			

年(年号)	大会	代表校	試合結果					
1977 (昭和52年)	第59回	東洋大姫路	2回戦 ○ 4–0 千葉商	3回戦 ○ 5–0 浜田	準々決勝 ○ 8–3 豊見城	準決勝 ○ 1–0 今治西	決勝 ○ 4–1 東邦	
1978 (昭和53年)	第60回	報徳	1回戦 ○ 7–0 盛岡一	2回戦 ○ 11–2 郡山北工	3回戦 ○ 5–0 延岡学園	準々決勝 ● 2–9 高知商		
1979 (昭和54年)	第61回	明石南	1回戦 ○ 5–4 安積商	2回戦 ● 2–4 日大山形				
1980 (昭和55年)	第62回	滝川	1回戦 ○ 7–1 熊谷商	2回戦 ○ 6–5 敦賀	3回戦 ● 2–4 広陵			
1981 (昭和56年)	第63回	報徳	1回戦 ○ 9–0 盛岡工	2回戦 ○ 4–1 横浜	3回戦 ○ 5–4 早実	準々決勝 ○ 3–1 今治西	準決勝 ○ 3–1 名古屋電気	決勝 ○ 2–0 京都商
1982 (昭和57年)	第64回	東洋大姫路	2回戦 ○ 4–0 県岐阜商	3回戦 ○ 4–2 法政二	準々決勝 ○ 7-3 熊本工	準決勝 ● 3-4 池田		
1983 (昭和58年)	第65回	市尼崎	2回戦 ○ 6–4 茨城東	3回戦 ● 4–5 久留米商				
1984 (昭和59年)	第66回	明石	1回戦 ○ 5–3 北海	2回戦 ● 1–9 PL学園				
1985 (昭和60年)	第67回	東洋大姫路	1回戦 ○ 3–0 高岡商	2回戦 ○ 12–3 立教	3回戦 ● 1–4 東北			
1986 (昭和61年)	第68回	東洋大姫路	2回戦 ○ 10–4 学法石川	3回戦 ○ 1–0 拓大紅陵	準々決勝 ● 1–3 鹿児島商			
1987 (昭和62年)	第69回	明石	1回戦 ● 1–6 帝京					
1988 (昭和63年)	第70回	滝川第二	1回戦 ○ 9–3 高田	2回戦 ● 3–5 東海大甲府				
1989 (平成元年)	第71回	神戸弘陵	2回戦 ○ 6–2 佐賀商	3回戦 ● 1–3 尽誠学園				
1990 (平成2年)	第72回	育英	2回戦 ● 2–3 秋田経法大付					
1991 (平成3年)	第73回	村野工	1回戦 ● 2–3 専大北上					
1992 (平成4年)	第74回	神港学園	1回戦 ○ 3–2 北海	2回戦 ○ 11–4 一関商工	3回戦 ● 3–4 池田			
1993 (平成5年)	第75回	育英	1回戦 ○ 14–4 秋田経法大付	2回戦 ○ 11–3 旭川大高	3回戦 ○ 5–4 横浜商大高	準々決勝 ○ 8–1 修徳	準決勝 ○ 6–1 市船橋	決勝 ○ 3–2 春日部共栄
1994 (平成6年)	第76回	姫路工	1回戦 ● 3–4 浦和学院					
1995 (平成7年)	第77回	尼崎北	2回戦 ● 6–7 青森山田					
1996 (平成8年)	第78回	神港学園	1回戦 ● 1–16 仙台育英					
1997 (平成9年)	第79回	報徳	1回戦 ○ 7–6 日大東北	2回戦 ● 5–11 浜松工				
1998 (平成10年)	第80回	報徳	1回戦 ● 4–8 富山商					
		東洋大姫路	1回戦 ● 1–7 海星					
1999 (平成11年)	第81回	滝川第二	1回戦 ○ 6–5 東邦	2回戦 ○ 3–1 徳島商	3回戦 ○ 3–2 長崎日大	準々決勝 ● 2–5 岡山理大付		
2000 (平成12年)	第82回	育英	1回戦 ○ 8–1 秋田商	2回戦 ○ 11–6 小松工	3回戦 ○ 12–2 那覇	準々決勝 ○ 8–7 長崎日大	準決勝 ● 7–10 東海大浦安	
2001 (平成13年)	第83回	東洋大姫路	1回戦 ○ 9–4 岐阜三田	2回戦 ○ 4–3 如水館	3回戦 ● 0–15 日南学園			
2002 (平成14年)	第84回	報徳	1回戦 ● 3–7 浦和学院					
2003 (平成15年)	第85回	神港学園	1回戦 ● 2–9 桐生第一					

年（年号）	大会	代表校	試合結果					
2004 （平成16年）	第86回	報徳	1回戦 ● 2–8 横浜					
2005 （平成17年）	第87回	姫路工	1回戦 ● 2–10 酒田南					
2006 （平成18年）	第88回	東洋大姫路	2回戦 ○ 4–2 甲府工	3回戦 ○ 5–2 桐生第一	準々決勝 ● 4–5 駒大苫小牧			
2007 （平成19年）	第89回	報徳	1回戦 ● 0–5 青森山田					
2008 （平成20年）	第90回	報徳	1回戦 ○ 4–2 新潟県央工	2回戦 ○ 5–4 智弁学園	3回戦 ○ 7–3 鹿児島実	準々決勝 ● 4–7 大阪桐蔭		
		加古川北	2回戦 ● 2–9 聖光学院					
2009 （平成21年）	第91回	関学	1回戦 ○ 7–3 酒田南	2回戦 ● 4–5 中京大中京				
2010 （平成22年）	第92回	報徳	1回戦 ○ 3–2 砺波工	2回戦 ○ 4–2 福井商	3回戦 ○ 13–5 佐賀学園	準々決勝 ○ 2–1 新潟明訓	準決勝 ● 5–6 興南	
2011 （平成23年）	第93回	東洋大姫路	2回戦 ○ 4–0 海星	3回戦 ○ 11–1 新湊	準々決勝 ● 1–2 光星学院			
2012 （平成24年）	第94回	滝川第二	1回戦 ○ 5–4 北大津	2回戦 ● 1–6 浦添商				
2013 （平成25年）	第95回	西脇工	1回戦 ○ 4–1 石見智翠館	2回戦 ● 1–3 木更津総合				
2014 （平成26年）	第96回	神戸国際大付	1回戦 ● 1–2 聖光学院					
2015 （平成27年）	第97回	滝川第二	1回戦 ○ 4–3 中越	2回戦 ● 1–7 仙台育英				
2016 （平成28年）	第98回	市尼崎	1回戦 ● 4–5 八戸学院光星					
2017 （平成29年）	第99回	神戸国際大付	2回戦 ○ 5–4 北海	3回戦 ● 1–2 天理				

秋季兵庫県高等学校硬式野球大会 決勝一覧

年(年号)	優勝校	試合結果	
1948(昭和23年)	滝川	7 — 3	兵庫
1949(昭和24年)	鳴尾	7 — 2	滝川
1950(昭和25年)	長田	13 — 3	県芦屋
1951(昭和26年)	県芦屋	(決勝リーグ3戦全勝のため)	
1952(昭和27年)	洲本	1 — 0	県芦屋
1953(昭和28年)	県芦屋	7 — 5	滝川
1954(昭和29年)	兵庫	5 — 0	県尼崎
1955(昭和30年)	県尼崎	4 — 1	県芦屋
1956(昭和31年)	明石、鳴尾	決勝戦なし	
1957(昭和32年)	県芦屋、兵庫工	(延長13回、延長20回の2試合で決着せず)	
1958(昭和33年)	県尼崎	5 — 4	県芦屋
1959(昭和34年)	育英	6 — 5	滝川
1960(昭和35年)	尼崎北	4 — 1	柏原
1961(昭和36年)	滝川	3 — 2	市神港
1962(昭和37年)	市神港	5 — 1	市西宮
1963(昭和38年)	報徳	9 — 1	市西宮
1964(昭和39年)	育英	4 — 1	赤穂
1965(昭和40年)	育英	12 — 1	明石
1966(昭和41年)	報徳	(決勝リーグ戦で決定)	
1967(昭和42年)	市神港	4 — 0	三田学園
1968(昭和43年)	尼崎西	2 — 1	三田学園
1969(昭和44年)	三田学園	4 — 3	洲本実
1970(昭和45年)	三田学園	6 — 0	育英
1971(昭和46年)	報徳	3 — 2	東洋大姫路
1972(昭和47年)	尼崎西	7 — 6	報徳(決勝リーグ1位決定戦)
1973(昭和48年)	滝川	4 — 3	報徳
1974(昭和49年)	報徳	8 — 7	東洋大姫路
1975(昭和50年)	東洋大姫路	2 — 1	村野工
1976(昭和51年)	育英	3 — 2	滝川
1977(昭和52年)	市神港	3 — 1	村野工
1978(昭和53年)	東洋大姫路	10 — 3	滝川
1979(昭和54年)	尼崎北	6 — 3	報徳
1980(昭和55年)	東洋大姫路	8 — 7	報徳
1981(昭和56年)	洲本	4 — 3	三田学園
1982(昭和57年)	三田学園	3 — 2	報徳
1983(昭和58年)	神港学園	4 — 3	明石商

年(年号)	優勝校	試合結果	
1984(昭和59年)	報徳	3 ― 0	神港学園
1985(昭和60年)	洲本	2 ― 1	三田学園
1986(昭和61年)	滝川第二	5 ― 1	明石
1987(昭和62年)	神港学園	4 ― 3	滝川第二
1988(昭和63年)	東洋大姫路	3 ― 1	報徳
1989(平成元年)	育英	3 ― 2	川西緑台
1990(平成2年)	三田学園	3 ― 0	神戸弘陵
1991(平成3年)	村野工	8 ― 1	神戸弘陵
1992(平成4年)	川西明峰	6 ― 3	明石
1993(平成5年)	神戸弘陵	6 ― 4	姫路工
1994(平成6年)	神港学園	4 ― 2	報徳
1995(平成7年)	滝川第二	6 ― 1	尼崎北
1996(平成8年)	報徳	3 ― 0	育英
1997(平成9年)	滝川第二	5 ― 1	報徳
1998(平成10年)	滝川第二	9 ― 3	神戸弘陵
1999(平成11年)	育英	6 ― 1	三田学園
2000(平成12年)	神戸国際大付	10 ― 9	神港学園
2001(平成13年)	報徳	9 ― 0	三木
2002(平成14年)	育英	4 ― 1	神戸国際大付
2003(平成15年)	育英	4 ― 0	報徳
2004(平成16年)	神戸国際大付	7 ― 2	育英
2005(平成17年)	神港学園	6 ― 5	市尼崎
2006(平成18年)	報徳	5 ― 4	市川
2007(平成19年)	東洋大姫路	3 ― 0	報徳
2008(平成20年)	報徳	11 ― 5	滝川第二
2009(平成21年)	神戸国際大付	2 ― 1	育英
2010(平成22年)	神戸国際大付	7 ― 1	加古川北
2011(平成23年)	報徳	3 ― 1	関学
2012(平成24年)	報徳	2 ― 1	神戸国際大付
2013(平成25年)	報徳	9 ― 2	三田松聖
2014(平成26年)	神戸国際大付	6 ― 5	報徳
2015(平成27年)	明石商	2 ― 0	報徳
2016(平成28年)	神戸国際大付	2 ― 1	報徳
2017(平成29年)	明石商	3 ― 2	西脇工

選抜高等学校野球大会（センバツ）　兵庫勢の試合結果一覧

○＝勝利　●＝敗退　［網掛け］は選抜優勝

年（年号）	大会	代表校	試合結果				
1925（大正14年）	第2回	甲陽中	準々決勝 ○ 5—2 第一神港商	準決勝 ● 3—7 松山商			
	第2回	第一神港商	1回戦 ○ 12—2 長野商	準々決勝 ● 2—5 甲陽中			
1926（昭和元年）	第3回	甲陽中	1回戦 ● 1—7 市岡中				
	第3回	第一神港商	1回戦 ● 2—5 松本商				
1927（昭和2年）	第4回	関学中	1回戦 ● 0—6 和歌山中				
1928（昭和3年）	第5回	関学中	1回戦 ○ 3—1 下関商	準々決勝 ○ 5—1 甲陽中	準決勝 ○ 4—2 高松商	決勝 ○ 2—1 和歌山中	
	第5回	甲陽中	1回戦 ○ 7—4 広陵中	準々決勝 ● 1—5 関学中			
1929（昭和4年）	第6回	関学中	1回戦 ● 1—6 高松商				
	第6回	第一神港商	1回戦 ○ 5—2 静岡中	準々決勝 ○ 4—1 愛知商	準決勝 ○ 1—0 八尾中	決勝 ○ 3—1 広陵中	
1930（昭和5年）	第7回	甲陽中	1回戦 ○ 2—1 愛知商	準々決勝 ○ 7—3 静岡中	準決勝 ● 2—4 第一神港商		
	第7回	第一神港商	1回戦 ○ 2—0 一宮中	準々決勝 ○ 5—0 高松中	準決勝 ○ 4—2 甲陽中	決勝 ○ 6—1 松山商	
	第7回	明石中	1回戦 ○ 12—0 敦賀商	準々決勝 ● 0—10 松山商			
1931（昭和6年）	第8回	甲陽中	2回戦 ○ 9—1 市岡中	準々決勝 ● 1—2 八尾中			
	第8回	第一神港商	1回戦 ○ 7—0 静岡中	2回戦 ○ 5—4 明石中	準々決勝 ● 0—3 中京商		
	第8回	明石中	2回戦 ● 4—5 第一神港商				
1932（昭和7年）	第9回	甲陽中	2回戦 ● 0—2 和歌山中				
	第9回	明石中	1回戦 ○ 3—0 広陵中	2回戦 ○ 16—1 小倉工	準々決勝 ○ 1—0 京都師範	準決勝 ○ 4—2 和歌山中	決勝 ● 0—1 松山商
1933（昭和8年）	第10回	関学中	1回戦 ● 2—6 京都商				
	第10回	神戸一中	1回戦 ○ 4—2 和歌山中	2回戦 ● 0—5 和歌山商			
	第10回	明石中	1回戦 ○ 1—0 平安中	2回戦 ○ 4—0 浪華商	準々決勝 ○ 2—1 京都商	準決勝 ○ 1—0 中京商	決勝 ● 0—1 岐阜商
1934（昭和9年）	第11回	神戸一中	2回戦 ○ 2—0 栃木中	準々決勝 ● 1—3 浪華商			
	第11回	明石中	2回戦 ○ 2—1 京都商	準々決勝 ● 3—6 東邦商			
1935（昭和10年）	第12回	関学中	1回戦 ● 4—5 愛知商				
	第12回	育英商	2回戦 ● 1—5 中京商				
1936（昭和11年）	第13回	育英商	2回戦 ○ 1—0 享栄商	準々決勝 ○ 1—0 松山商	準決勝 ● 4—5 桐生中		
	第13回	姫路中	2回戦 ● 1—3 平安中				
	第13回	滝川中	2回戦 ○ 3—1 市岡中	準々決勝 ● 0—7 愛知商			
1937（昭和12年）	第14回	甲陽中	2回戦 ● 1—4 熊本商				
	第14回	滝川中	1回戦 ○ 27—0 浦和中	2回戦 ● 3—5 岐阜商			
1938（昭和13年）	第15回	甲陽中	2回戦 ○ 3—0 島田商	準々決勝 ● 0—3 岐阜商			
	第15回	明石中	2回戦 ○ 8—3 北海中	準々決勝 ● 0—4 海南中			

年(年号)	大会	代表校	試合結果				
1938 (昭和13年)	第15回	滝川中	1回戦 ○ 8—7 日大三中	2回戦 △ 8—8 浪華商	2回戦 ● 8—9 浪華商		
1939 (昭和14年)	第16回	北神商	2回戦 ○ 4—2 浅野中	準々決勝 ● 1—13 東邦商			
1940 (昭和15年)	第17回	滝川中	2回戦 ○ 5—0 下関商	準々決勝 ● 4—5 福岡工			
1941 (昭和16年)	第18回	滝川中	1回戦 ○ 6—0 桐生中	準々決勝 ● 1—2 岐阜商			
1947 (昭和22年)	第19回	神戸一中	1回戦 ● 1—2 城東中				
	第19回	明石中	1回戦 ● 6—11 徳島商				
1948 (昭和23年)	第20回	神戸二中	1回戦 ○ 2—1 早実	準々決勝 ● 2—3 北野中			
1949 (昭和24年)	第21回	県芦屋	1回戦 ○ 7—6 慶応二	準々決勝 ○ 2—0 大鉄	準決勝 ○ 4—0 小倉	決勝 ● 4—6 北野	
	第21回	兵庫	1回戦 ● 2—3 桐蔭				
1950 (昭和25年)	第22回	兵庫工	1回戦 ● 1—5 韮山				
	第22回	県尼崎	1回戦 ● 9—15 熊本工				
1951 (昭和26年)	第23回	鳴尾	1回戦 ○ 5—0 静岡城内	準々決勝 ○ 8—3 熊本商	準決勝 ○ 9—1 明治	決勝 ● 2—3 鳴門	
1952 (昭和27年)	第24回	県芦屋	1回戦 ○ 5—2 松商学園	2回戦 ● 0—1 平安			
	第24回	鳴尾	2回戦 ○ 7—2 広島観音	準々決勝 ○ 1—0 桐生工	準決勝 ● 0—4 鳴門		
1953 (昭和28年)	第25回	育英	1回戦 ○ 3—1 浜松北	2回戦 ● 1—2 柳井			
	第25回	洲本	2回戦 ○ 2—0 中京商	準々決勝 ○ 1—0 豊橋時習館	準決勝 ○ 5—1 小倉	決勝 ○ 4—0 浪華商	
1954 (昭和29年)	第26回	県芦屋	2回戦 ● 3—4 鳴門				
	第26回	滝川	2回戦 ● 1—4 北海				
1955 (昭和30年)	第27回	兵庫	2回戦 ● 2—3 若狭				
	第27回	県尼崎	1回戦 ○ 4—1 鹿児島商	2回戦 ○ 5—0 一関一	準々決勝 ○ 2—0 若狭	準決勝 ● 0—1 浪華商	
1956 (昭和31年)	第28回	県芦屋	2回戦 ○ 5—3 苫小牧工	準々決勝 ○ 9—0 日大三	準決勝 ● 0—6 中京商		
	第28回	県尼崎	2回戦 ○ 5—1 浜松商	準々決勝 ● 0—4 岐阜商			
1957 (昭和32年)	第29回	育英	2回戦 ● 0—2 倉敷工				
1958 (昭和33年)	第30回	県芦屋	1回戦 ● 1—5 宇都宮工				
	第30回	兵庫工	1回戦 ○ 4—1 遠野	2回戦 ● 0—7 中京商			
1959 (昭和34年)	第31回	県芦屋	1回戦 ○ 1—0 広陵	2回戦 ● 4—7 浪華商			
	第31回	県尼崎	1回戦 ○ 3—0 会津	2回戦 ○ 7—4 苫小牧工	準々決勝 ○ 1—0 高知商	準決勝 ● 1—2 中京商	
1960 (昭和35年)	第32回	育英	2回戦 ● 2—5 北海				
	第32回	滝川	2回戦 ○ 5—2 徳島商	準々決勝 ● 0—2 高松商			
1961 (昭和36年)	第33回	尼崎北	1回戦 ● 0—3 松江商				
	第33回	柏原	1回戦 ● 0—2 作新学院				
1962 (昭和37年)	第34回	滝川	2回戦 ● 3—4 日大三				
1963 (昭和38年)	第35回	市神港	2回戦 ○ 9—1 高松商	準々決勝 ○ 6—4 東邦	準決勝 ● 1—4 下関商		
	第35回	市西宮	1回戦 ● 3—6 小倉工				

年(年号)	大会	代表校	試合結果				
1964(昭和39年)	第36回	報徳	1回戦 ○ 1—0 東邦	2回戦 ● 0—1 海南			
	第36回	市西宮	1回戦 ○ 3—2 甲府工	2回戦 ○ 7—2 安芸	準々決勝 ● 2—6 尾道商		
1965(昭和40年)	第37回	育英	2回戦 ● 1—3 徳島商				
1966(昭和41年)	第38回	兵庫	1回戦 ● 1—10 高知				
	第38回	育英	2回戦 ○ 6—2 盛岡商	準々決勝 ○ 9—8 小倉	準決勝 ● 1—7 土佐		
1967(昭和42年)	第39回	報徳	1回戦 ○ 9—1 若狭	2回戦 ○ 6—2 鎮西	準々決勝 ○ 5—2 新居浜商	準決勝 ● 1—2 津久見	
	第39回	三田学園	1回戦 ○ 11—6 尾道商	2回戦 ● 1—2 熊本工			
1968(昭和43年)	第40回	市神港	1回戦 ○ 10—4 別府鶴見丘	2回戦 ● 0—2 尾道商			
1969(昭和44年)	第41回	三田学園	1回戦 ○ 3—2 鎌倉学園	2回戦 ○ 14—2 銚子商	準々決勝 ● 1—2 堀越		
	第41回	尼崎西	1回戦 ○ 1—0 富山北部	2回戦 ○ 4—3 丸亀商	準々決勝 ● 3—4 三重		
1970(昭和45年)	第42回	滝川	1回戦 ● 3—14 千葉商				
	第42回	三田学園	2回戦 ○ 5—3 日大三	準々決勝 ● 0—1 鳴門			
1971(昭和46年)	第43回	報徳	2回戦 ● 4—12 東邦				
1972(昭和47年)	第44回	市神港	1回戦 ○ 2—1 鳥取工	2回戦 ○ 6—5 福井商	準々決勝 ● 3—13 銚子商		
1973(昭和48年)	第45回	報徳	1回戦 ○ 16—0 銚子商	2回戦 ● 3—4 東邦			
1974(昭和49年)	第46回	滝川	1回戦 ○ 4—0 中京	2回戦 ● 1—3 倉敷工			
	第46回	報徳	1回戦 ○ 4—3 鹿児島商	2回戦 ○ 2—1 土浦日大	準々決勝 ○ 2—1 銚子商	準決勝 ○ 5—1 平安	決勝 ○ 3—1 池田
1975(昭和50年)	第47回	報徳	1回戦 ○ 4—2 池田	2回戦 ○ 1—0 札幌商	準々決勝 ○ 4—3 静岡商	準決勝 ● 2—3 高知	
1976(昭和51年)	第48回	東洋大姫路	1回戦 ○ 7—4 県岐阜商	2回戦 ○ 4—3 習志野	準々決勝 ○ 11—3 智弁学園	準決勝 ● 0—1 小山	
1977(昭和52年)	第49回	育英	1回戦 ○ 11—10 新居浜商	2回戦 ● 1—3 早実			
	第49回	滝川	1回戦 ○ 4—0 星稜	2回戦 ● 3—4 岡山南			
1978(昭和53年)	第50回	村野工	1回戦 ● 2—3 東北				
1979(昭和54年)	第51回	尼崎北	1回戦 ○ 4—1 室蘭大谷	2回戦 ○ 8—1 福井商	準々決勝 ● 1—7 PL学園		
	第51回	東洋大姫路	1回戦 ○ 6—1 修徳	2回戦 ○ 12—6 大分商	準々決勝 ○ 8—7 池田	準決勝 ● 3—5 浪商	
1980(昭和55年)	第52回	滝川	1回戦 ○ 1—0 鳴門	2回戦 ● 5—6 丸亀商			
	第52回	尼崎北	1回戦 ○ 3—2 八千代松陰	2回戦 ○ 3—1 柳川	準々決勝 ● 3—4 高知商		
1981(昭和56年)	第53回	報徳	1回戦 ● 3—5 大府				
1983(昭和58年)	第55回	報徳	1回戦 ○ 4—1 桐蔭学園	2回戦 ● 0—1 佐世保工			
	第55回	高砂南	1回戦 ● 3—12 享栄				
1984(昭和59年)	第56回	私神港	1回戦 ○ 7—2 法政一	2回戦 ● 1—3 都城			
1985(昭和60年)	第57回	東洋大姫路	1回戦 ● 3—9 津久見				
	第57回	報徳	1回戦 ○ 7—6 弘前工	2回戦 ○ 10—2 横浜	準々決勝 ● 2—7 帝京		
1986(昭和61年)	第58回	洲本	1回戦 ● 0—8 拓大紅陵				

年(年号)	大会	代表校	試合結果				
1987 (昭和62年)	第59回	明石	1回戦 ○ 4—0 常総学院	2回戦 ● 3—8 池田			
	第59回	滝川第二	1回戦 ○ 3—0 富士	2回戦 ● 0—1 東海大甲府			
1988 (昭和63年)	第60回	神港学園	2回戦 ● 2—3 福島北				
	第60回	東洋大姫路	2回戦 ● 3—4 東海大甲府				
1989 (平成元年)	第61回	尼崎北	1回戦 ○ 4—1 倉吉東	2回戦 ● 1—2 仙台育英			
	第61回	報徳	1回戦 ○ 7—6 帝京	2回戦 ● 0—3 東邦			
1990 (平成2年)	第62回	神戸弘陵	1回戦 ● 3—4 三重				
	第62回	川西緑台	1回戦 ○ 2—0 倉敷商	2回戦 ● 0—4 鹿児島実			
1991 (平成3年)	第63回	三田学園	1回戦 △ 3—3 広陵	1回戦 ● 2—8 広陵			
	第63回	神戸弘陵	1回戦 ● 2—3 瀬戸内				
1992 (平成4年)	第64回	育英	1回戦 ○ 8—0 駒大岩見沢	2回戦 ○ 4—0 広陵	準々決勝 ● 2—4 浦和学院		
	第64回	村野工	1回戦 ● 4—7 堀越				
1993 (平成5年)	第65回	川西明峰	2回戦 ● 1—4 市船橋				
1994 (平成6年)	第66回	神戸弘陵	1回戦 ○ 8—7 滝川西	2回戦 ○ 3—1 高田商	準々決勝 ● 1—10 PL学園		
	第66回	姫路工	1回戦 ○ 6—2 熊本工	2回戦 ○ 3—1 北陽	準々決勝 ● 2—6 常総学院		
1995 (平成7年)	第67回	育英	1回戦 ○ 6—2 創価	2回戦 ● 3—4 前橋工			
	第67回	報徳	1回戦 ○ 4—3 北海	2回戦 ● 2—9 関西			
	第67回	神港学園	1回戦 ○ 4—3 仙台育英	2回戦 ○ 4—3 大府	準々決勝 ● 4—5 今治西		
1996 (平成8年)	第68回	滝川第二	1回戦 ○ 7—1 秋田	2回戦 ● 0—2 鹿児島実			
	第68回	姫路工	1回戦 ● 3—6 沖縄水産				
1997 (平成9年)	第69回	育英	1回戦 ○ 4—2 浦添商	2回戦 ○ 9—5 国学院栃木	準々決勝 ● 5—6 上宮		
	第69回	報徳	1回戦 ○ 4—3 東海大菅生	2回戦 ○ 5—0 日大明誠	準々決勝 ○ 5—2 平安	準決勝 ● 1—5 中京大中京	
1998 (平成10年)	第70回	関学	2回戦 ● 2—4 高鍋				
	第70回	報徳	2回戦 ● 2—6 横浜				
1999 (平成11年)	第71回	滝川第二	1回戦 ● 2—3 明徳義塾				
	第71回	神戸弘陵	1回戦 ● 5—14 駒大岩見沢				
2000 (平成12年)	第72回	育英	1回戦 ● 6—10 国学院栃木				
	第72回	東洋大姫路	1回戦 ○ 4—1 秋田経法大付	2回戦 ● 2—3 東海大相模			
2001 (平成13年)	第73回	姫路工	2回戦 ● 5—8 日大三				
	第73回	神戸国際大付	2回戦 ● 2—5 市川				
2002 (平成14年)	第74回	報徳	1回戦 ○ 3—2 日大三	2回戦 ○ 5—3 広陵	準々決勝 ○ 7—5 浦和学院	準決勝 ○ 7—1 福井商	決勝 ○ 8—2 鳴門工
	第74回	三木	1回戦 ● 8—12 鵡川				
2003 (平成15年)	第75回	東洋大姫路	2回戦 ○ 4—2 岡山城東	3回戦 ○ 3—0 鳴門工	準々決勝 △ 2—2 花咲徳栄	準々決勝 ○ 6—5 花咲徳栄	準決勝 ● 1—5 広陵

年(年号)	大会	代表校	試合結果				
2004 (平成16年)	第76回	報徳	1回戦 ● 2—3 東海大山形				
	第76回	社	1回戦 ○ 5—1 福井工大福井	2回戦 ○ 2—1 鵡川	準々決勝 ○ 9—7 福岡工大城東	準決勝 ● 2—3 愛工大名電	
2005 (平成17年)	第77回	育英	1回戦 ● 0—1 東邦				
	第77回	神戸国際大付	1回戦 ○ 4—1 甲府工	2回戦 ○ 4—0 駒大苫小牧	準々決勝 ○ 15—1 慶応	準決勝 ● 6—8 愛工大名電	
2006 (平成18年)	第78回	神港学園	1回戦 ○ 4—0 南陽工	2回戦 ○ 2—0 成田	準々決勝 ● 0—4 岐阜城北		
2007 (平成19年)	第79回	報徳	1回戦 ● 1—2 室戸				
	第79回	市川	1回戦 ○ 4—2 聖光学院	2回戦 ● 4—12 帝京			
2008 (平成20年)	第80回	東洋大姫路	2回戦 ○ 4—1 一関学院	3回戦 ○ 1—0 八頭	準々決勝 ○ 2—0 智弁和歌山	準決勝 ● 2—4 沖縄尚学	
2009 (平成21年)	第81回	報徳	1回戦 ○ 2—0 高崎商	2回戦 ○ 15—2 今治西	準々決勝 ○ 6—5 中京大中京	準決勝 ● 1—4 清峰	
2010 (平成22年)	第82回	神港学園	1回戦 ○ 6—5 高知	2回戦 ● 1—2 中京大中京			
	第82回	神戸国際大付	1回戦 ● 2—3 帝京				
2011 (平成23年)	第83回	報徳	1回戦 ● 5—8 城南				
	第83回	加古川北	1回戦 ○ 4—0 金沢	2回戦 ○ 2—0 波佐見	準々決勝 ● 2—13 日大三		
2012 (平成24年)	第84回	洲本	1回戦 ● 1—2 鳴門				
2013 (平成25年)	第85回	報徳	2回戦 ● 3—4 常葉学園菊川				
2014 (平成26年)	第86回	報徳	1回戦 ● 0—1 沖縄尚学				
2016 (平成28年)	第88回	明石商	1回戦 ○ 3—2 日南学園	2回戦 ○ 3—0 東邦	準々決勝 ● 1—2 龍谷大平安		
	第88回	長田	1回戦 ● 2—3 海星				
2017 (平成29年)	第89回	報徳	1回戦 ○ 21—0 多治見	2回戦 ○ 4—0 前橋育英	準々決勝 ○ 8—3 福岡大大濠	準決勝 ● 4—6 履正社	
	第89回	神戸国際大付	1回戦 ● 1—2 東海大福岡				
2018 (平成30年)	第90回	(出場校なし)					

春季兵庫県高等学校野球大会 決勝一覧

年（年号）	優勝校	試合結果	
1941（昭和16年）	滝川中	8 — 0	第一神港商
1949（昭和24年）	県芦屋	4 — 0	兵庫
1950（昭和25年）	滝川	8 — 3	県尼崎
1951（昭和26年）	加古川東	3 — 1	市尼崎
1952（昭和27年）	育英	2 — 0	兵庫工
1953（昭和28年）	洲本	2 — 1	加古川西
1954（昭和29年）	住友工	決勝戦なし	兵庫工
1955（昭和30年）	滝川	4 — 3	明石
1956（昭和31年）	県尼崎	2 — 1	県芦屋
1957（昭和32年）	兵庫工	6 — 3	赤穂
1958（昭和33年）	県尼崎	15 — 1	市尼崎
1959（昭和34年）	県芦屋	3 — 0	県尼崎
1960（昭和35年）	県尼崎	3 — 0	県尼崎工
1961（昭和36年）	尼崎北	2 — 0	育英
1962（昭和37年）	育英	6 — 1	尼崎北
1963（昭和38年）	豊岡	4 — 1	県尼崎
1964（昭和39年）	報徳	5 — 0	育英
1965（昭和40年）	尼崎北	8 — 2	長田
1966（昭和41年）	洲本実	3 — 1	姫路商
1967（昭和42年）	県芦屋	4 — 0	三田学園
1968（昭和43年）	上郡	3 — 2	市神港
1969（昭和44年）	滝川	2 — 1	県伊丹
1970（昭和45年）	滝川	7 — 3	三田学園
1971（昭和46年）	報徳	8 — 2	洲本
1972（昭和47年）	滝川	2 — 0	市神港
1973（昭和48年）	市神港	3 — 1	報徳
1974（昭和49年）	滝川	8 — 2	報徳
1975（昭和50年）	尼崎北	2 — 1	滝川
1976（昭和51年）	東洋大姫路	7 — 3	滝川
1977（昭和52年）	東洋大姫路	4 — 0	育英
1978（昭和53年）	市神港	5 — 0	滝川
1979（昭和54年）	報徳	3 — 1	滝川
1980（昭和55年）	東洋大姫路	12 — 3	尼崎北
1981（昭和56年）	東洋大姫路	5 — 0	育英
1982（昭和57年）	東洋大姫路	4 — 2	市川
1983（昭和58年）	東洋大姫路	6 — 2	津名
1984（昭和59年）	神港学園	3 — 1	洲本
1985（昭和60年）	東洋大姫路	19 — 1	報徳

年（年号）	優勝校	試合結果	
1986（昭和61年）	東洋大姫路	1 — 0	社
1987（昭和62年）	東洋大姫路	6 — 4	県伊丹
1988（昭和63年）	滝川第二	7 — 4	育英
1989（平成元年）	滝川第二	3 — 2	関学
1990（平成2年）	神戸弘陵	3 — 2	社
1991（平成3年）	神戸弘陵	5 — 3	津名
1992（平成4年）	滝川第二	1 — 0	村野工
1993（平成5年）	姫路工	6 — 1	洲本
1994（平成6年）	滝川第二	6 — 3	神戸弘陵
1995（平成7年）	村野工	5 — 2	神港学園
1996（平成8年）	津名	7 — 4	報徳
1997（平成9年）	神港学園	3 — 1	報徳
1998（平成10年）	滝川第二	4 — 0	報徳
1999（平成11年）	報徳	7 — 2	市尼崎
2000（平成12年）	東洋大姫路	5 — 4	育英
2001（平成13年）	神戸国際大付	13 — 5	三田学園
2002（平成14年）	報徳	2 — 1	東洋大姫路
2003（平成15年）	滝川第二	6 — 2	社
2004（平成16年）	滝川第二	5 — 2	関学
2005（平成17年）	社	3 — 0	育英
2006（平成18年）	報徳	5 — 0	社
2007（平成19年）	市神港	2 — 1	報徳
2008（平成20年）	社	5 — 0	神戸国際大付
2009（平成21年）	育英	8 — 0	東洋大姫路
2010（平成22年）	報徳	3 — 2	神戸国際大付
2011（平成23年）	明石商	5 — 3	社
2012（平成24年）	東洋大姫路	6 — 2	報徳
2013（平成25年）	神戸国際大付	8 — 2	報徳
2014（平成26年）	報徳	3 — 1	姫路南
2015（平成27年）	神戸国際大付	4 — 3	社
2016（平成28年）	明石商	8 — 0	報徳
2017（平成29年）	報徳	5 — 2	社
2018（平成30年）	明石商	4 — 3	滝川第二

激闘の譜

第1回からの、兵庫県大会の決勝や、兵庫県代表校の全国大会における試合結果など、記録をまとめた。

全国高等学校野球選手権兵庫大会決勝　歴代のスコア

全国高等学校野球選手権大会　兵庫勢の試合結果一覧

秋季兵庫県高等学校硬式野球大会　決勝一覧

選抜高等学校野球大会（センバツ）　兵庫勢の試合結果一覧

春季兵庫県高等学校野球大会　決勝一覧

掲載学校名（兵庫県内）索引

あとがき

夏の全国高等学校野球選手権大会が２０１８年夏、第１００回大会を迎えました。大きな節目に向け、神戸新聞スポーツ面では同年4月10日から6月25日まで、連載「白球回想―夏の兵庫大会史」として、１９１５（大正4）年の第1回大会からすべての大会を回顧しました。記録、人名などは兵庫県高等学校野球連盟発行の『兵庫県高校野球史』をはじめ、兵庫県内各校の野球部史などを参考にさせていただきました。また、多くの元高校球児の方にも取材にご協力いただきました。あらためて深く感謝申し上げます。

兵庫大会は１９１５年、全国中等学校優勝野球大会の誕生と同時に第１回大会が開かれました。当時の全国大会出場校は10校のみで、全国各地の予選も大半がブロック別で行われました。一方、兵庫は7校が参加し、全国の都道府県で唯一、単独で地方大会を開催しました。神戸新聞では過去にも高校野球のプレーバック企画を掲載しましたが、全大会を時系列で網羅する連載はありませんでした。１００回の節目に際して全国最古の歴史を誇る兵庫大会を第1回から振り返り、兵庫の高校野球の伝統を知ってもらいたいという思いから、連載を企画しました。

執筆にあたり、かつての高校球児に直接取材をしました。驚いたことはみなさんの鮮明な記憶です。古希を過ぎた優勝投手は兵庫大会で打たれたヒット数を正確に覚えていました。半世紀以上前に甲子園に出場した名門校の主将は、勝負を分けたワンプレーを克明に再現してくれました。何十年も前の試合をまるで昨日の出来事のように朗々と語る様子に触れ、「青春は色あせない」という言葉をあらためて実感しました。

10代のころに懸命に白球を追った記憶は、すべての球児にとってかけがえのない時間だと思います。それは大会が始まった大正時代も、平成が終わろうとしている今も変わりません。本書の1ページが、それぞれの青春の1ページとして、多くの人の心によみがってくることを祈っています。

執筆は神戸新聞社運動部で高校野球を取材した吉岡猛逸、大原篤也、松本大輔、山本哲志、宮崎真彦が担当しました。また、球場でお会いする日を楽しみにしています。

2018年8月

神戸新聞社運動部

高校《こうこう》野球《やきゅう》
夏《なつ》の兵庫大会《ひょうごたいかい》100回《かい》
白球回想《はっきゅうかいそう》

2018年8月30日　第1刷発行

編　著 ── 神戸新聞運動部《こうべしんぶんうんどうぶ》

発行者 ── 吉村 一男

発行所 ── 神戸新聞総合出版センター
〒650-0044 神戸市中央区東川崎町1-5-7
TEL 078-362-7140　FAX 078-361-7552
http://kobe-yomitai.jp/

印　刷 ── 株式会社 神戸新聞総合印刷

ISBN978-4-343-01010-0 C0075